本书由中国（丽水）两山研究院赞助出版

"双一流"背景下高校教育学学科建设逻辑与路径研究

邹婧祎　著

中国原子能出版社

图书在版编目（CIP）数据

"双一流"背景下高校教育学学科建设逻辑与路径研究 / 邹婧祎著. -- 北京：中国原子能出版社，2024.
10. -- ISBN 978-7-5221-3681-3

Ⅰ . G649.2

中国国家版本馆 CIP 数据核字第 2024XL3485 号

"双一流"背景下高校教育学学科建设逻辑与路径研究

出版发行	中国原子能出版社（北京市海淀区阜成路 43 号　100048）
责任编辑	蒋焱兰
特约编辑	黎　铮　吴　维
责任校对	刘　铭
责任印制	赵　明
印　　刷	北京厚诚则铭印刷科技有限公司
经　　销	全国新华书店
开　　本	710mm×1000mm　1/16
印　　张	13
字　　数	200 千字
版　　次	2025 年 3 月第 1 版　　2025 年 3 月第 1 次印刷
书　　号	ISBN 978-7-5221-3681-3　　定　价 78.00 元

发行电话：010-68452845

前　言

　　高校教育学学科建设，关系教育事业的发展水平。集中精力建设好高校教育学学科，是当前加快发展高等教育、助力经济社会持续向好的重要举措。

　　世界一流大学和一流学科建设（简称"双一流"），作为党中央、国务院作出的重大战略决策，是我国高等教育发展的方向标。如何按照"双一流"的价值导向，有所针对地开展高校教育学学科建设，是亟待解决的重大理论和现实问题。高校教育学学科建设，要基于教育事业的发展和高校建设的实际及教育学学科发展的需求，拓展高校教育学学科的理论研究空间。同时，要服务国家发展战略和各地区发展需要。

　　本书依托丽水学院乡村教育研究院培育课题"乡村教育共同体建设模式研究——以共建学校为例"（项目编号 RE202240）的研究成果撰写而成。从学科建设目标的角度出发，根据"双一流"建设总体规划导向，结合民族高校教育学学科的特殊性，选取具有代表性的民族高校和综合性师范大学作为个案，对教育学学科建设现状进行深入的调查分析，总结民族高校教育学学科建设过程中取得的有益经验与成就，揭示存在的问题与困难，并根据优势学科、特色学科带动其他学科建设的规划思路，探索推进民族高校教育学学科建设的应对策略，突出优秀民族文化对教育学学科建设的重要作用，为"双一流"背景下高校教育学学科建设的发展提供参考。

本书内容主要包括研究缘起、研究目的与意义、相关概念界定与辨析、文献综述和研究内容、方法与设计。

首先，阐述高校教育学学科建设的理论基础及其分析维度，以学科建设相关理论、多元文化教育理论、目标设置理论等作为研究指导，通过分析"双一流"建设的应然诉求，明确高校教育学学科建设在"双一流"战略规划指导下的原则、任务与内容。

其次，是对高校教育学学科建设现状的调查和分析，是本书研究的主体部分。学科建设的基本要素包括师资、人才、科研、文化、社会服务及国际交流合作，结合"双一流"建设目标和自身发展实际，从制度供给与创新、知识体系建设、科学研究与社会服务、保障机制这四个方面进行分析。学科建设规划与布局、学科体制建设及学科评价机制建设，是从制度逻辑的角度强调了规划布局对学科建设的指导意义，介绍了组织机构设置与职能分配，并论述了评价机制对学科发展的激励作用。教育学学科人才培养、课程建设和教材建设均从目标设置角度展开，从知识逻辑和实践逻辑的角度体现了教育学学科建设为地区提供人才保障的重要性。文化建设、师资队伍建设、学科经费建设体现了高校在教育学学科建设中的文化优势及传承创新优秀文化的历史使命，从保障机制的角度强调了教师队伍在推动地区教育事业发展中的重要作用，并阐述了经费建设对推进学科建设发展的现实意义。

本书的主要研究成果是高校教育学学科建设的基本经验与未来之思，在总结了重视高水平师资队伍建设、强化服务教育事业的创新型人才培养、深化交流融合的特色科研平台建设、弘扬优秀民族文化助力教育事业文化革新等基本经验的基础上，客观分析高校教育学学科建设面临的机遇与迎接的挑战，提出以民族地区人才培养为目标、以特色科学研究为支撑、以服务地区社会创新发展战略为责任、以中华民族传统文化传承与创新为动力的未来发展思路，构建四位一体的互动性学科建设模式，促进和推动高校教育学学科的高质量、可持续发展。

目　录

第一章　教育学学科建设的理论基础及其分析维度

　　科学的理论依据是一项研究能否顺利进行的重要基础，学术研究要做到通过理论指导和实践分析而形成扎实的理论根基，只有这样才能全面地、系统地进行学术研究。相关概念的界定与辨析是为确保在学术研究中有清晰的逻辑和思路，避免相似概念扰乱、混淆学术研究的必要前提。清晰的概念界定与辨析、坚实可靠的理论依据、明确的目标诉求，以及科学合理的逻辑分析是开展研究的基本要素。

第一节　研究的理论基础

一、研究理论的前提之思

（一）研究理论的选择

　　本书主要是在"双一流"建设的背景下，依据时代发展诉求，进行的教育学学科建设研究，同时也是满足学科自身发展需求的研究。首先，涉及学科自身发展的需求，必然要依据学科建设相关理论的指导。其次，为培养适应地区发展建设相关人才的现实诉求，注重地区的特殊性原则，并遵循认知多样性的规律，就要依据多元文化教育理论的指导。最后，研究的背景是"双一流"建设规划，是国家在新时期对我国高等教育领域发展设置的总体建设目标。因此，要依据目标设置理论的指导，制定科学合理的总体建设目标，设置严谨、完善的具体建设目标。学科建设相关理论的运用源于教育学学科自身发展诉求，多元文化教育理论的运用源于其特殊背景，目标设置理论的选择源于建设的最终目标要求。由此可见，本书涉及学科建设相关理论、多元文化理论和目标设置理论的指导。

（二）研究理论的实践

"双一流"背景下教育学学科建设逻辑与路径研究，首先要依据学科建设相关理论的指导，明确学科建设的内涵，了解学科建设对一所大学综合实力和核心竞争力的影响，学科建设要在哪些领域投入力量，师资队伍、人才培养、科学研究、社会服务等要怎样相互配合，这些问题的研究都需要学科建设相关理论的指导；其次要结合教育学学科的实际情况对学科建设的战略举措进行分析，依据多元文化教育理论的指导，体现的特殊性，在对优秀民族文化的传承与创新方面提出要求，并对师资队伍的教师结构、人才培养课程建设的民族语课程设置、科学研究对地区的贡献，以及社会服务的针对性进行理论指导；最后，依据目标设置理论的指导对研究进行反思并总结启示。目标设置理论规定了建设的总体方向，同时也是检验学科建设是否成功的标准，本书要依据目标设置理论的指导对目标的明确度、目标的适切性等因素提出具体要求，从而指导研究和实践。

（三）研究理论的启示

本书中涉及的学科建设相关理论对教育学学科建设逻辑与路径研究的

启示是多方面的。首先，学科发展理论是将一个动态的发展过程作为分析视角，探讨学科发展内、外部因素，以及学科之间互动关系的理论，是从宏观的层面梳理教育学学科建设发展历程，明确新时期的发展任务、优化发展路径，最终完善学科知识体系。其次，学科制度理论是以知识生产的相关规范为核心，对知识生产制度进行合理、合法性的协调，既要对以知识为主体的学科建设发展活动进行规范，又要对从事知识生产的人员进行规训，以此把握学科建设发展的总体趋势，并分析学科制度的未来发展机制。最后，学科文化理论主要是从学科的学术文化、组织文化、制度文化等方面对学科建设发展展开研究的理论，是探究某一学科作为社会科学领域中的元素在文化育人方面的作用。

多元文化教育理论对教育学学科建设逻辑与路径研究的理论启示体现在存在文化差异的社会中，面对不同民族的文化相互碰撞、吸收、借鉴，要做到科学指导、有效协调不同文化能够公平、平等地相互理解，达到共生。在本书中，多元文化教育理论对在师资队伍、人才培养、科学研究和文化传承方面的差异性进行了分析，明确了教师队伍的多元文化教育理念，提出了多元文化人才培养的要求，强调了科学研究面对全面实施可持续发展教育的时代诉求，并传达了肩负防止"文化中断"的特殊使命，从学科建设目标的角度为教育学学科建设的研究提供了启示。

目标设置理论对本书的启示首先是教育学学科建设目标的设置要明确且可衡量。这就为学科建设的具体措施与评价标准提供了有效的指导，使学科建设的不同方面和不同阶段都能够明确任务完成的进度要求，提高了学科建设任务的指向性。其次，目标的设置要以短期目标为切入点。短期的建设目标更能激发学科建设的主动性，一方面是因为短期目标更明确、更具体，计划性更强，无论是管理还是操作都更加容易；另一方面是因为短期目标的完成更能调动进一步发展建设的积极性。凭借短期目标达成的反馈，可以指导下一步建设的具体操作和管理步骤，提升自信心、增强完成下一步建设目标的动力，进而促进中长期目标的最终实现。最后，目标的设置要充分发挥榜样的力量。榜样力量对我国大学发展和学科建设有着深远的影响。榜样的积极作用不仅可以为学科建设提供一个参考和标准，而且也为实现建设目标提供了充分的可能性，进而鼓励和激发发展建设的动力，提高达到目标要求的信心。

二、学科建设相关理论

学科建设理论并不是一个单一理论，而是一个理论的集合。我国的学科建设理论是伴随着科教兴国战略的实施而发展起来的。本书依据学科建设相关理论，立足"双一流"建设背景下，对教育学学科建设进行研究，从教育学学科基本概念入手，通过对学科建设的制度供给与创新、知识体系建设、科学研究与社会服务、保障机制建设等宏观研究，加入实践案例的微观研究分析得出经验总结，分析案例中取得的宝贵经验与遇到的发展困境，有针对性地为教育学学科建设提供发展思路。

学科建设相关理论是推进学科发展与创新的基础，其理论探究包括学科建设的内涵和学科建设的主要战略，具体涵盖五个方面：一是研究学科、专业、学科建设、专业建设等相关概念内涵、特征以及相互关系的基本概念研究，同时也包括学科建设的要素、组成及其影响因素等；二是对学科建设管理模式的理论研究；三是对学科组织形式的研究；四是学科建设创新研究；五是学科建设风险防范研究。这五个方面的理论研究体现了三种力量的博弈，分别是行政力量、学术力量和市场力量。从理论上来说，一个最优化的学科建设模型应当能均衡兼顾三方各自的考量，形成合力，从而使学科的发展得到每一方不偏不倚的全力支持而达到理想的发展状态[①]。本书主要依据学科建设相关理论中关于学科发展理论、学科制度理论、学科文化理论的指导进行研究。

---

① 张胤，温媛媛. 行政推动、学术内生与市场引领——一流大学学科建设理论模型及其现实模式研究［J］. 高教探索，2016（7）：57-61.

（一）学科发展理论

关于学科发展的理论问题主要包括学科的交叉与综合、学科组织的构建、学科间均衡发展等问题。世界一流大学和一流学科建设要构建一流的师资队伍、开拓创新人才培养模式、提升科学研究水平、深化社会服务功能、传承创新优秀文化，整体提升我国高等教育的发展水平。在国家"985工程""211工程"的建设基础之上，我国高等教育领域的发展已经涉及学科建设的机制问题、学科规划的实践问题等。因此，在新时期面对"双一流"建设规划的现实诉求，学科发展理论的运用对研究我国教育学学科建设发展水平具有重要的指导意义。

（二）学科制度理论

学科制度包括知识生产和接受特定学科规训的人相关的制度，它较好地整合了学科建制化过程中的主客观因素，是研究学科发展史的理论与方法。学科制度结构是支撑学科研究的物质基础。本书中关于学科建设的制度供给与创新、知识体系建设、科学研究与社会服务等问题都需要依据学科制度理论为指导，分析各种社会因素在教育学学科发展建设过程中的制约与促进作用，对教育学学科结构进行合理布局，促进学科总体建构不断完善和优化。

（三）学科文化理论

学科文化理论最早是由 C.P.斯诺关于科学与人文之间关系的讨论发展而来的，在其发表"两种文化"演讲后，学者们对于支撑科学研究与发展的文化基础的研究逐渐深入，进而奠定了学科文化理论在学科学研究中的重要地位。本书中关于教育学学科保障机制中的文化建设是从学科文化理论的角度，面对"双一流"建设规划背景下传承创新优秀文化的目标要求，客观分析学科文化内核的基本要素，为教育学学科建设的研究奠定了坚实的学科文化理论基础。

三、多元文化教育理论

多元文化教育是 20 世纪中后期，在西方国家兴起并迅速扩展到全球的一种社会与学校教育改革思潮。究其社会历史背景，是由于 20 世纪的移民潮，以及由此引起的多民族国家的形成，直接的导火索则是由于美国的民族复兴运动[①]。作为一种教育实践活动，多元文化教育理论主要是从消除歧视，为不同民族的人们提供同等的教育机会的角度，促使受教育者认同自己民族的文化，同时也能尊重其他民族的文化，最终形成多元文化价值观念。本书通过多元文化教育理论的指导，对教育学学科建设的特殊性和差异性进行论述，体现不同于普通教育学学科建设的方面，立足地区的政治、经济、文化社会，探寻教育学学科建设的发展路径，在做好传承与创新民族优秀文化的基础上，提供教育学学科建设的发展思路。

（一）国外多元文化教育理论研究

美国学者詹姆斯·班克斯将多元文化教育从一种教育理念、一场教育改革、一个教育过程这三层内涵进行分析。将不同的种族、民族、性别、社会阶层、宗教信仰、残疾等群体视为不同的文化群体，从而对来自不同文化群体的学生之间的差异及其对学校教育的影响进行研究，致力于创设一定的环境和手段，寻找恰当的方式对待不同文化背景的学生，使所有学生得到平等的教育机会，并得到充分的发展。多元文化教育在经历了同化、融合最终到多元的三个阶段后，逐渐发展成可以指导教育教学活动的理论。国外多元文化教育理论的代表人物有班克斯、玛格丽特·吉普森、吉

---

① 哈经雄，滕星主编. 教育学通论 [M]. 北京，教育科学出版社，2001：37.

乐瓦·盖伊、詹姆斯·林奇、江渊一公、阿勒曼、霍华德、古德文、葛阮德、雷特那·高斯等。

（二）国内多元文化教育理论研究

我国多元文化教育理论的形成经历了介绍阶段、渗透阶段、拓展阶段、本土化阶段的历程，为形成适合我国国情的多元文化教育理论体系不断努力着。从 20 世纪 80 年代开始，我国引入了西方多元文化教育理论与方法，这个阶段是对这一理论的了解和认识的阶段。随着多元文化教育理论的渗透，并逐渐与我国国情相结合，形成了以促进我国教育发展为特点的多元文化教育理论。进入新世纪以后，对于多元文化教育理论的研究开始向中国教育、地方课程、校本课程等方面深入，进入发展具有中国特色的多元文化教育理论的阶段。

多元文化教育理论在我国的实践活动主要表现在教育方面，以多元一体格局为核心。我国是一个多民族国家，拥有不同民族文化背景的学生在接受教育的过程中所表现出来的差异性是对教育进行研究时必须考虑到的因素，切实做到让拥有不同文化背景的学生享有平等的受教育机会。其核心是尊重并承认文化多元现象，以学生为中心实施多元文化教育，在教育公平前提下，促进每个学生全面发展。

（三）多元文化教育理论的运用

对"双一流"背景下教育学学科建设逻辑与路径研究，无论是对师资队伍的考察，还是对人才培养的分析，抑或是对学科规划是否科学合理的评价，文化建设情况等都是为了使学生在受教育阶段能够被平等对待，接受更好的教育，进而积极传承创新优秀文化，为学生的全面发展创造良好的环境。民族高等教育是我国教育体系中的重要组成部分，担负着民族人才培养、开展民族问题研究、提高民族地区的人口素质，为民族地区和整个社会的政治、经济和文化建设服务的历史使命①。只有做到维护民族文化的多样性，遵循中华民族多元一体的统一性，才能更好地理解民族高等教育的重要意义，客观地看待民族文化的差异性，更具包容性的进行学术研究。

四、目标设置理论

（一）国外目标设置理论研究

1967 年，美国马里兰大学爱德温·洛克首先提出了目标设置理论。该理论被广泛应用于激励经济、教育等领域的组织实践。目标设置理论认为外来的刺激都是通过目标来影响动机的，目标具有导向功能、激活功能、维持功能和唤醒功能等②。目标设置理论的基本观点是人们的行为会根据具体目标及其实现的难易程度朝一个方向努力，在这个过程中，人们不断通过对照目标来调整自己的行为，为实现目标修正过程实施中的问题。在面对任务目标时，人们往往会自动运用已获得的相关知识和技能去实现目标，并努力去探索形成解决问题的方式，最后实现任务目标的达成。面对一项普通任务，制定具体目标往往比劝其尽力更加有效。自我效能感就是个体在处理某种问题时能做得多好的一种自我判断，它是以个体全部资源的评估为基础的，包括能力、经验、训练、过去的绩效、关于任务的信息等③。目标设置理论的代表人物有爱德温·洛克、梅斯、赖安等。

---

① 苏德，刘子云. 论当代民族高等教育之文化发展中的十大关系 [J]. 民族高等教育研究，2013，1（1）：9-14＋93.

② 王秀清. 基于目标设置理论的高职院校科研管理创新实证研究 [J]. 中国职业技术教育，2012（26）：81-83＋96.

③ 张美兰，车宏生. 目标设置理论及其新进展 [J]. 心理学动态，1999（2）：35-40＋34.

（二）国内目标设置理论研究

目前，我国对目标设置理论的研究主要是在管理学领域，且该理论的实践多集中在企业管理应用方面，并在工作激励领域也被广泛接受和实际运用。人的行为服从于动因，设置相应的行为目标是影响人的行为的重要因素。将目标设置理论应用于教育学的研究中，其重点在于：（1）高效率目标的主要特性，如目标明确度、目标的困难水平等；（2）对学习目标和成绩目标的恰当应用；（3）影响目标效应的因素；（4）不同目标来源（如分配的目标、自我设置的目标或参与设置的目标）的影响[①]。目标的明确度、认知度、合理性、可行性、挑战性等都可以是影响行为的重要因素。

（三）目标设置理论的运用

目标设置理论可以运用到教育学学科建设的师资、人才、科研、文化等各个方面。新学期、新学年伊始，每所大学都会设置本学期、本年度的工作目标，这其中包括预期性目标和约束性指标。为了目标的顺利实现，建立完善的激励机制可以提高完成任务的积极性，提升能动性。因此，目标设置理论可以运用于从学科建设目标视角出发的研究。用目标设置理论分析"双一流"建设背景下的教育学学科建设，是通过目标的选定、目标的承诺、信息的反馈、目标的激励、目标的实现，对国家层面的"双一流"建设目标、层面的办学目标，以及学科层面的教育学学科发展目标进行研究，分析不同层面的目标激励措施，以求更好地完成目标任务，确保各个层面的目标顺利实现。

---

① 杨秀君. 目标设置理论研究综述［J］. 心理科学，2004（1）：153-155.

第二节 "双一流"建设的应然诉求

"双一流"建设的应然诉求是指以"双一流"建设总体规划的标准与原则，在新时期对我国大学办学宗旨和建设方向提出的时代诉求，是基于总体建设目标对学科发展路径的规划。"双一流"建设对教育学学科建设的应然诉求主要是从师资队伍、人才培养、科学研究和文化传承创新几个方面展开，并以成果转化的社会服务方式促进地区的社会发展，以价值诉求和个性化诉求为视角进行分析。

一、师资队伍建设

"双一流"政策规划对我国大学师资队伍建设的价值诉求基于总体目标的设置提出了深入实施人才强校战略，强化高层次人才的支撑引领作用，加快培养和引进一批活跃在国际学术前沿、满足国家重大战略需求的一流科学家、学科领军人物和创新团队，聚集世界优秀人才的要求。遵循教师成长发展规律，以中青年教师和创新团队为重点，优化中青年教师成长发展、脱颖而出的制度环境，培育跨学科、跨领域的创新团队，增强人才队伍可持续发展能力。加强师德师风建设，培养和造就一支有理想信念、有道德情操、有扎实学识、有仁爱之心的优秀教师队伍[①]。

"双一流"建设对教育学学科关于师资队伍建设的个性化诉求体现在拥有正确的政治思想观念、扎实的历史文化知识、开发特色课程的能力，以及对民族语言的掌握。教育学学科的教师队伍要坚定地贯彻落实国家的教育理念，在教育教学工作中正确解读理论和政策。同时，在掌握扎实的教

---

① 国务院.（国发〔2015〕64 号）国务院关于印发统筹推进世界一流大学和一流学科建设总体方案的通知［EB/OL］. http://www.gov.cn/zhengce/content/2015-11/05/content_10269.htm，2015 年 11 月 5 日.

育学学科知识的基础上，还应充分了解地区的历史文化，立足群体的角度，运用学生便于接受的方式进行知识传授。对于优秀民族文化知识的挖掘与开发是教育学学科教师队伍要具备的又一基本素质，由于我国很多拥有自己的语言文字，因此，对于此类文化知识的开发、应用与传授既是教育学学科教师队伍的优势，同时也是其肩负的特殊责任与使命，体现了"双一流"建设对教育学学科师资队伍建设的个性化诉求。

二、人才培养

自从国家部署"双一流"建设规划以来，我国的高等教育领域面对新时期的发展要求，为实现中国高等教育综合实力的大幅提升和中华民族伟大复兴的奋斗目标，对人才培养提出了更高的要求。具体来说，是要培养拔尖创新人才，坚持立德树人，突出人才培养的核心地位，着力培养具有历史使命感和社会责任心，富有创新精神和实践能力的各类创新型、应用型、复合型优秀人才。新的社会发展需求和变化，要求高校在人才培养过程中不断加强对学生的创新创业教育，完善高校创新创业类课程的师资建设和课程建设，大力推进个性化培养，全面提升学生的综合素质、国际视野、科学精神和创业意识、创造能力。合理提高高校毕业生创业比例，引导高校毕业生积极投身大众创业、万众创新的浪潮中。完善高校教育教学质量保障体系，将学生的成长、成才作为学校教育教学的根本出发点和落脚点，建立导向正确、科学有效、简明清晰的评价体系，激励学生刻苦学习、健康成长[1]。

高校人才培养还肩负着维护民族团结和稳定，促进地区经济社会发展的任务和使命。因此，"双一流"建设对我国教育学学科人才培养提出了个性化诉求。作为面向群体和地区培养从事教育事业相关人才的学科，"双

---

[1] 国务院.（国发〔2015〕64号）国务院关于印发统筹推进世界一流大学和一流学科建设总体方案的通知［EB/OL］. http://www.gov.cn/zhengce/content/2015-11/05/content_10269.htm，2015年11月5日.

一流"建设对教育学学科的人才培养个性化诉求主要体现在具有爱国主义情怀和民族团结意识的培养，在专业设置和课程设置方面对民族优秀文化的融入、民族语言教材的编写、优秀民族文化的传播与宣传。同时，鼓励教育学学科优秀人才在毕业后回到地区，投身地区教育事业的发展，培育人才建设家乡的意识。因此，作为我国民族高等教育发展建设的主要阵地，教育学学科的人才培养具有重要的现实意义。

三、科学研究

"双一流"战略规划对我国大学科学研究职能提出了提升科学研究水平的时代诉求。要以国家重大需求为导向，提升高校高水平科学研究能力，为经济社会发展和国家战略实施作出重要贡献。坚持有所为有所不为，加强学科布局的顶层设计和战略规划，重点建设一批国内领先、国际一流的优势学科和领域。提高高校基础研究水平，注重对教育发展过程中的真问题的研究，争做国际学术前沿并行者乃至领跑者。此外，推动学校加强战略性、全局性、前瞻性的问题研究，着力提升解决重大问题能力和原始创新能力，使教育研究真正服务于国家发展的战略需要。而且，学科规划中也要加强学科基地和科研平台的建设。大力推进科研组织模式创新，依托重点研究基地，围绕重大科研项目，健全科研机制，开展协同创新，优化资源配置，提高科技创新能力。此外，学科规划中也要注重建立健全相应的评价机制的建设。打造一批具有中国特色和世界影响的新型高校智库，提高服务国家决策的能力，充分发挥学科专家和学者对于学科健康发展的重要作用[1]。

"双一流"建设对我国教育学学科建设关乎科学研究职能的个性化诉求主要体现在对民族特色课程与项目的开发研究、民族特色教学科研平台的

---

[1] 国务院.（国发〔2015〕64 号）国务院关于印发统筹推进世界一流大学和一流学科建设总体方案的通知［EB/OL］. http://www.gov.cn/zhengce/content/2015-11/05/content_10269.htm，2015 年 11 月 5 日.

建设，以及民族特色科研成果的交流与合作。对民族特色课程与项目的开发研究，可以将科研成果运用于日常教育教学之中，不仅可以挖掘优秀的民族文化对教育学学科的指导意义，而且可以对民族特色课程中蕴含的民族文化知识进行研究，使其发挥适应时代发展的效用，为教育学学科的发展提供不竭的动力。民族特色教学科研平台的搭建，既能够为地区的人才培养提供教育学学科前沿知识动态的保障，又能够立足地区发展教育事业的实际情况，为地区的教育教学实践提供理论指导与实践人才保障。民族特色科研成果的交流与合作是对教育学学科关于科学研究成果的展现，一方面为科学研究成果服务教育教学实践提供创新思路指导，体现服务于教学的科学研究原则；另一方面为教育学学科同其他高校、学科创造交叉融合发展的机遇，拓展教育学学科科学研究的思路，为地区的经济、文化、教育事业的发展提供广阔的发展平台。

四、文化传承与创新

"双一流"建设关于传承创新优秀文化的价值诉求包括加强大学文化建设，增强文化自觉和制度自信，形成推动社会进步、引领文明进程、各具特色的一流大学精神和大学文化。坚持用价值观引领知识教育，把社会主义核心价值观融入教育教学全过程，引导教师潜心教书育人、精心治学，引导广大青年学生勤学、修德、明辨、笃实，使社会主义核心价值观成为基本遵循，形成优良的校风、教风、学风。加强对中华优秀传统文化和社会主义核心价值观的研究、宣传，认真汲取中华优秀传统文化的思想精华，做到扬弃继承、转化创新，并充分发挥其教化育人作用，推动社会主义先进文化建设[①]。

当今社会，科学技术迅速发展，社会、经济、文化的各项交流愈加频

---

① 国务院.（国发〔2015〕64 号）国务院关于印发统筹推进世界一流大学和一流学科建设总体方案的通知［EB/OL］. http://www.gov.cn/zhengce/content/2015-11/05/content_10269.htm，2015 年 11 月 5 日.

繁，作为我国文化传承的重要阵地之一，秉承服务地区发展建设的宗旨，肩负着为地区输送人才的培养重任。"双一流"建设规划对教育学学科关于文化传承创新的个性化诉求体现在具有特色的大学精神和大学文化建设、对校风教风学风的民族特色引导，以及核心价值观与优秀民族文化相结合的研究。大学精神和大学文化建设根植于中华文化的土壤之中，有的大学以其独特的民族特色优势既可以为教育学学科理论与实践研究提供丰富的文化指导，同时也需要教育学学科在理论研究与实践教学中突出民族特色的发展优势，强化教育学学科在保护、更新和融合民族优秀文化方面的责任担当，彰显民族文化特色的大学精神和大学文化建设。在校风教风学风建设中融入民族特色的诉求要求教育学学科在师德师风塑造与监督及第二课堂建设方面，要充分考虑到本学科对学生未来投身地区教育事业发展建设中的品德要求和思想观念的保障。将核心价值观与民族文化相结合的发展诉求体现了"双一流"建设规划对教育学学科将社会主义核心价值观引领思想建设、整合凝聚各民族和谐共处思想观念、弘扬中华优秀传统文化的校园文化建设诉求。

五、社会服务

社会服务作为大学重要职能之一，通过研究成果转化的方式助力大学建设。因此，研究成果的转化是"双一流"规划学科建设的重要任务。"双一流"规划对学科建设研究成果转化的价值诉求，是将一流大学和一流学科建设与推动经济社会发展紧密结合，着力提高高校对产业转型升级的贡献率，努力成为催化产业技术变革、加速创新驱动的策源地。促进高校学科、人才、科研与产业互动，打通基础研究、应用开发、成果转移与产业化链条，推动健全市场导向、社会资本参与、多要素深度融合的成果应用转化机制。强化科技与经济、创新项目与现实生产力、创新成果与产业对接，推动重大科学创新、关键技术突破转变为先进生产力，增强高校创新资源对经济社会发展的驱动力①。

　　教育学学科的社会服务职能，即服务于地区教育事业和社会发展能力的提升，是将教育学学科建设与地区社会发展紧密结合，着力提高对地区教育和社会发展的贡献率，努力成为促进教育事业发展变革的策源地。促进教育学学科、人才培养、教育研究与各级各类民族学校互动，建立教育实践导向、多主体参与的成果应用、转化、反馈、改进机制。同时，深化人才培养模式变革、加速建立与地区社会发展相适应的新型高端智库，为地区社会发展提供人才保障和智力支持。

第三节　教育学学科建设的逻辑分析

一、制度逻辑

　　制度逻辑作为一种衡量标准，能够影响"双一流"建设进程中规则的制定，规范规则与行为之间的相互作用，进而促进学科建设与高校办学水平的能力提升。剖析学科建设的制度逻辑因素，有助于根据适宜的目标导向构建制度规约。"双一流"建设更加需要制度规约的规范和引导，以保障学科建设进程中资源的有效配置与合理利用。因此，"双一流"建设需要通过制度逻辑的指导，实现学科资源有效配置的目标，继而推动"双一流"建设目标的实现及高等教育质量的提升。在学科建设中，学科制度规范是学科建设的原则、标准等一系列准则，是指学科的组织结构②。学科结构作为社会结构与知识结构交融的产物，与国家建构密不可分，形成与

①　国务院.（国发〔2015〕64 号）国务院关于印发统筹推进世界一流大学和一流学科建设总体方案的通知［EB/OL］. http://www.gov.cn/zhengce/content/2015-11/05/content_10269.htm，2015 年 11 月 5 日.

②　朱旭东，周钧. 论我国教师教育学科制度建设——教师教育大学化的必然选择［J］. 教师教育研究，2007（1）：6-11.

办学定位和办学特色相匹配的学科结构，既是创建世界一流学科的目标追求，也是服务于"世界科技前沿、国家重大需求、经济建设主战场"的必然选择[①]。

从宏观制度逻辑角度分析，我国高等教育的发展战略要求建设高等教育强国，扎根中国大地办出具有中国特色、世界水平和全球影响的高等教育。"双一流"建设能够为高等教育强国建设注入强大动力，助推国家高等教育整体水平提升，激发高校学科建设的内生动力与办学活力，通过世界一流水平的学科建设来培养具有国际竞争力的人才，提升国家综合国力与核心竞争力，以此实现中华民族的伟大复兴。

从微观制度逻辑分析，不同利益主体基于各自的利益需求，从不同角度和不同程度推动制度的变迁与完善，成为制度完善的内部动力。随着政府高等教育管理权力的下放、高校办学自主权的落实、社会参与办学意识的增强，我国高等教育已然形成政府、学校、社会三方协同的新型办学模式。基于三方利益主体协同的办学模式创新，"双一流"建设的微观制度逻辑由此而生，新型现代政府治理逻辑、高等教育发展内在逻辑及社会参与办学逻辑的结构共同作用形成了"双一流"建设的逻辑制度，强化了人才培养、科学研究、社会服务的大学三大职能。

"双一流"作为国家重要的政策规划，是运用制度逻辑分析我国教育学学科建设，要遵循国家层面、省（自治区、直辖市）级层面及高校层面的设置，结合社会层面对于大学建设的评价，构建符合地区发展的制度，推动中国特色、世界一流大学建设目标的实现。因此，在"双一流"建设目标的规划指导下，从学科建设的规划与布局、学科体制建设及评价机制建设对教育学学科建设的制度逻辑进行分析。

---

① 王战军，张微. 新中国成立 70 年来我国高校学科结构调整——政策变迁的制度逻辑 [J]. 中国高教研究，2019（12）：36-41.

二、知识逻辑

学科是知识的集合，知识是学科的生成元，知识生产是学科建设的根本。学科建设是促进组织在知识生产、知识劳动能力上的提升。不同类型的学科建设根基于不同的知识生产模式创新。一流的知识创新是一流学科最基本的特征和最重要的判据，谋求知识创新是一流学科建设的内部动力和聚焦点。因此，对于知识逻辑的分析是"双一流"背景下学科建设逻辑与路径研究的重要方面。伴随知识生产力的不断发展，知识生产方式和生产关系也会顺应这一发展，学科建设策略、学术资源配置和绩效评价方式等一系列知识政策必然需要作出调整，从知识逻辑的角度促进现行分类标准下的学科建设能力在新的发展阶段和政策环境下不断提升。

学科组织以知识的发现、整合、传递和应用为使命，通过学者这一主体，以知识信息和各类学术资源为支撑，依据知识的分类，在一定的知识劳动平台上开展科学研究、人才培养及社会服务。大学作为生产知识、传播知识、应用知识的重要社会组织，涉及知识与权力的关系，制约着权力对大学治理模式的影响，同时也是大学治理模式的知识源起。基于对大学治理模式变革的知识形态分析，主要体现了形而上学知识型与大学自治、科学知识型与大学管制、文化知识型与大学共治三个阶段，分别是从本体理论、实用学科经济权利属性、利益主体参与共治的不同角度进行分析，并逐渐形成以理性知识、科学知识及协商知识的大学治理氛围[①]。

教育学学科的发展建设基于知识逻辑层面，同时也是理论逻辑分析的主体。不仅具有凝练学科方向的使命，而且要通过高水平的学术梯队建立知识信息平台。从知识逻辑的角度分析学科与专业、课程之间的关系，可以明确重要概念的区分。专业是课程的组合方式，课程是由学科提供的，由学科中的学者来执行，因此，课程是把学科和专业联系起来的重要媒介。

---

① 李曼. 论大学治理模式变革的知识逻辑 [J]. 教育研究，2015，36（3）：56-63.

学科的形成要素是特定的研究对象、理论体系和范式、特定的研究方法，其发展目标是增进知识。专业的形成要素是课程和培养模式，其发展目标是为社会培养高质量、高水平的人才。教育学学科建设的知识逻辑聚焦于知识与教育教学的关系，根据形而上学知识型与精英培养模式、科学知识型与专业培养模式、文化知识型与符合培养模式，结合我国地区教育事业发展的实际情况，分析教育学学科建设中人才培养、科学研究、社会服务与文化传承创新对应的特殊要求。

三、实践逻辑

实践逻辑是通过实践主体、实践客体和实践环境的相互影响与作用，形成内在规律，用以改造具体实践过程而遵循的准则，是在特定的时期与环境下研究"应然、实然、未然"的关系，最终促进实践活动的有效性与高效性。学科建设的实践逻辑是在推进学科建设具体措施的过程中形成的路径优化选择，同时也是指导学科建设的逻辑依据。学科建设要进行大学的定位和战略选择，实际上就是学科规划，定位要充分重视自身特色。在"双一流"战略规划的指导下，学科建设的实践逻辑要求学科组织从低效率、无序的，走向有序的、高效率的，同时要成为一个学术共同体、一个知识共同体的具体要求。组织化的实践路径包括使命分析、体制设计、结构设计、运行设计，最终进行系统评价。大学学科建设的主要目标就是建设学科组织、提高组织化程度，以提升学科的学术生产能力和产出效率。

教育学学科建设的实践逻辑不仅体现在知识形态的发展，而且体现在科学研究与社会服务方面，是基于大学建设的人才培养、科学研究、社会服务三大职能的研究。人的行为都是在认识支配下的，认识是规律和行为之间的桥梁，认识的合规律性决定实践的合目的性，因此，从内在本质联系（即规律）出发，得出更接近规律的支配实践的认识，是实践达到目的的前提保证^①。实践逻辑是以人们的思想需要为起点，在特定的意识形态导向下开展的思想生产、交往等的行动逻辑。

　　教育学学科建设的实践逻辑是进行教育学学科实践活动的客观依据，是基础理论中重要的研究领域。在"双一流"建设这一重要规划指导下，通过实践逻辑分析，揭示学科建设的实践活动规律，描述教育学学科建设发展的实践逻辑，对于学界反思当下的现实状况，提高理论的科学性、实践工作的实效性和有效性都具有助推意义。教育学学科建设的实践逻辑原则，就是指导教育活动的思想认识和行为准则，是在对教育规律认识把握基础上得出的行动原则。因此，在确定了各项具体建设目标后，要充分结合实践逻辑的指导，建构符合教育发展的理念，提出切实可行的实践路径。

---

① 张兴海，李姗姗. 新时期高等院校优秀传统文化教育的实践逻辑 [J]. 东北师大学报（哲社版），
2020（1）：152-157.

第二章　教育学学科建设的
制度供给与创新

　　学科建设的制度供给与创新是为了使学科建设有目的、有秩序、有规律地发展，需要对学科远景发展进行科学规划。学科建设规划是学科建设中的重要环节，是学科建设和未来发展的依据和蓝图，学科建设规划能否做到科学合理直接关系学科建设的质量和水平。它不局限于某一单一学科或专业的某一方面的计划，而是着眼于学校和本学科发展实际，基于学科未来发展趋势，对本学科的课程建设、教学改革、资源开发等方面进行的整体性规划。从宏观层面说，我国高校的学科建设规划应以马列主义、毛泽东思想、邓小平理论、"三个代表"重要思想、科学发展观和习近平新时代中国特色社会主义思想作为指导思想。在微观层面，不同高校应以上述指导思想为前提，结合自身实际制定具体的学科建设规划指导思想[①]。本章主要从教育学学科规划与布局的具体内容、学科体制建设及评价机制建设三个方面对教育学学科建设的制度供给与创新进行分析。

---

　　① 张强，李秀兵. 我国高校学科建设规划问题探讨［J］. 陕西师范大学学报（哲学社会科学版），2007（S1）：62-64.

第一节　教育学学科建设规划与布局

一、教育学学科建设规划

规划是具有前瞻性、战略性和指导性的行动方案，一般包括指导思想、建设目标、发展重点、具体举措等构成要素，是行动的准备阶段和起始阶段。教育规划有助于教育与经济和社会相互协调发展，提高教育事业的科学管理水平，充分利用教育资源保证培养人才预定目标的实现，并且有助于教育发展的连续性与教育改革[①]。学科建设规划作为教育规划的组成部分，有助于整合教育资源，完善高校课程体系、提高师资队伍教学水平、提升人才培养质量，进而不断完善社会服务能力。但在内容方面需要更加细化、具有可操作性。因此，学科建设中的规划环节是在教育规划的指导下，按照教育规划的总体要求，结合学科自身发展特点，对教育规划内容的进一步细化。教育学学科建设规划一般是在学校总体发展建设规划的指导下，依据人才培养、科学研究和社会服务的三大职能，结合传承创新优秀文化的现实要求，立足地区实际，依据人才培养特点，秉承协同创新的建设理念，全面深化综合改革，积极拓展教育学学科的社会服务能力，根据学科自身实际和发展需求作出具体的发展规划，为教育学学科未来建设和发展指引明确的方向。

（一）教育学学科人才培养规划

人才培养是学科建设的重要环节之一，"双一流"建设背景下的教育学学科建设的根本目的是培养符合地区社会发展需求的高素质的人才。为提

[①] 王建平，齐梅. 教育行政学 [M]. 北京：清华大学出版社，2012：63.

升人才培养质量，切合学生的学习特点，积极开展以人才培养创新为目标的全方位的改革。通过对 A、B、C、D 四所大学教育学学科人才培养工程规划的梳理，各所大学都根据自身优势与特色积极推进人才培养创新工程建设，并基于现实需求，积极深化人才培养模式改革，探索具有本校特色的创新型人才培养模式。

1. 教育学学科人才培养定位

人才培养是高校的核心工作，人才培养目标和定位是高校依据国家教育政策要求、社会发展需求、学生发展特点制定的，是对"培养什么样的人"的总体规划和设想。教育学学科依据学校发展的积淀、教育学学科自身的特点、地区社会发展的人才需求及学生身心发展特点，制定了具有学校自身特色又面向地区教育学学科特色的人才培养目标和方向。

在访谈中，A 大学教育学院的一位教授介绍道："我们的人才培养最基本的是夯实教育学，这个教育学是大教育学，其中包括心理学，教育学得有个好的心理学底子，这就是我们人才培养的一些理念，就是教育学专业的人要有比较好的心理学功底，因为赫尔巴特的普通教育学之所以被承认就是因为它建立在伦理学和心理学的基础上，使教育学成为了一门科学。这是一个总体的规划视角。我们说必须要把心理学底子夯实，所以我们开了一些课，这样的设计规划就体现了我们的理念。同时，我们设计培养方案的时候还有一个就是民族学，要有文化的视角，所以当时就是教育学、心理学、民族学的考虑。这是我们教育学学科不同于其他高校的一个培养规划，是我们的特色。我们开了民族学通论，后面还延伸了一些教育史等等，就是关于教育类的特殊课程群。民族学的课程群我们开了有关民族学、民族文化，等等，当然有一些学校选修课可以选。现在我们说在从事教育学学科研究也要运用民族学的理论方法去思考，基础课之一就是民族学，因为不懂民族学没法研究教育、文化。所以三个大的课程群支撑，才让我们能够达成培养目标，就是通过课程体系才能达成人才培养目标，做教育学学科的人才培养规划，如果没有民族学课程群的话就做不到，因为我们教育学学科课程群的知识还有跨文化心理学。"

由此可见，A 大学在人才培养定位中，着眼于民族团结进步事业发展需要、满足民族地区社会经济发展需要、"一带一路"倡议发展需要、建设创新型国家需要，结合教育学、心理学、民族学三大课程群作整体规划。人才培养项目充分融合了民族文化视角，涵盖了优化国际化人才的国际联合培养体系、满足学生个性化成长空间的校际合作项目、产学研合作培养等协同育人机制。提到人才培养方案的制定，这位教授补充道："怎么能让学生达成能够受普通教育，同时更能懂的教育，这是我们规划的特点。我们有好多版的方案了，方案定很多因为学校对课程、课时都有好多要求，我们也要根据学校的要求去规划我们的人才培养。原来我们还开过高等数学，你像民族学、社会学，这些都是原来我们自己开，后来学校认为这些课程非你们的专业课，所以都拿到学校去上，去公选，原来我们都开过。通过这些就可以给我们的人才培养目标指明一个整体的规划方向。"

B 大学教育学院的一位教授强调："教育学学科的人才培养要建立在学科发展的基础上。"因此，在人才培养规划方面，B 大学教育学院的定位是全面贯彻党的教育方针，以培养德智体美劳全面发展的社会主义建设者和接班人为根本目的，遵循教育教学规律和人才成长规律，深化教育教学改革，创新人才培养模式，提高人才培养质量，优化人才培养环境，努力造就理想远大、品德高尚、基础扎实、知识面宽、身心健康、具有创新精神和实践能力的创新型、应用型高级专门人才。

C 大学教育学院的人才培养定位坚持"融入社会、服务社会、引领社会"的理念转型发展，服务区域经济社会发展和"一带一路"建设，建设特色鲜明的创新型高水平综合性师范大学。在访谈中，C 大学的一位前校长指出："说到人才培养规划，C 大学这个教育系培养了一大批的教育学学科的人才，这些人才大概有几个类别，先是为自己培养了师资队伍，第二个就是区域内其他高校和师范类学校所有教研室的人有 70%，有的甚至

100%的人都是 C 大学教育系或者教科院毕业的，再一个就是毕业生上，出了不少教育界的领导人物，本科类高校的校长、副校长从咱们教育系出去的人大概就有五六位，到其他岗位那就更多了。这说明我们的人才培养规划就是朝着这几个方向定位的。能看出来咱们的面向，主要是地区，咱们区域内教育领域的人才。本科生也好，研究生也好，要能满足区域内的人才需求。"因此，C 大学教育学院在学校办学定位引导下，明确了培养"教育特色鲜明、高水平教育人才"的培养方向。

由于地处我国少数民族地区，面向教育事业培养教育领域相关人才的客观事实，D 大学在人才培养定位方面，坚持以立德树人为根本，培养具有社会责任感与法治意识、扎实专业基础知识、较强实践创新能力、较强综合素质的专业的应用型、复合型人才。虽然在学院的人才培养方案中没有特殊强调对于民族学知识的课程设置，但是由于学校的总体规划及学生的文化背景等因素，对于人才培养的出发点就是以学生群体的视角，关于文化的教育更是渗透在每一门课程、每一个专业建设之中的。

综上所述，四所大学人才培养方向表述各有差异，但都结合了学校自身办学定位，在学校人才培养规划中，C 大学教育学学科从学校整体人才培养规划到教育学院二级人才培养规划中，均突出强调了为地区培养从事教育领域研究的人才这一特点。这与 A、B、D 三所大学为综合大学，C 为师范类大学有一定关系。

2. 教育学学科人才培养改革措施

人才培养质量的提升，需要高校结合社会发展趋势需求和专业发展需求，不断推进人才培养的有效改革。教育学学科应设置特色专业，注重过程管理，完善培养过程中的考核机制，并深化教学改革。以重点专业建设为抓手，增强教育学学科的核心竞争力，打造特色品牌专业。建立招生、培养、就业的联动机制，促进人才培养与人才需求的互动，形成学科专业结构和人才培养类型主动适应就业需求的调整机制。此外，地处我国地区的，应结合自身优势，不断推进兼通民族语和汉语的人才培养及双语教育，探索民族语言授课专业人才多样化的培养模式，按社会需求灵活调整专业方向，做到优势互补、资源共享。

在访谈中，A大学教育学院的一位教授指出："改革措施的意义就是要能更好地切合人才培养需求，紧密达成人才培养目标，也要注意与时俱进的发展。通过教育的耳濡目染，深入地区深刻体验，才能更好地培养学生这种民族文化平等的意识，才能达成我们的大学精神，就是美美与共。文化的包容、平等，通过这些实现我们的人才培养目标。另外，实践的、创新的能力培养越来越受到重视，创新型人才。我们把第一课堂和第二课堂结合起来，就是我们的人才培养在结构上不仅要有理论，还要有实践能力，这是在人才培养规划中理论与实践的结合，更是为创新思维提供土壤，因为我们校训也是知行合一，所以我们也得体现知能并重。'知'通过课堂掌握知识，同时也有能力训练，所以才能是知行合一。"由此可见，A大学教育学学科在人才培养改革措施方面越来越重视学生知能并重、协同创新的能力培养。

B大学教育学院实施的"以人才培养为核心的学科专业一体化"建设战略。以建设国家一流专业为目标，树立"教学以明道，育人以达理"的办学理念，在科研、教学课程建设等资源配置上，以人才培养为核心将专业建设与学科建设要素有机融合，形成理论给力、实践有效、特色鲜明的专业态势。建构以宽基础、精方向为目的的"大类+分流"育人体制。对照国家标准优化专业方向，实行教育大类招生，各方向分类特色化培养，充分体现宽基础、精方向的人才培养目的；把立德树人作为人才培养的核心任务，强化与国内外教育机构合作办学与交流，突出学生专业实践能力与国际视野；引导学生"一主一辅、一专多能、一凭多证"，实现全面发展。建立"以学促教、以学促研、以学促管"的人才成长机制。以学生成人成长为目的，倡导教学团队化、科研育人化、学工学术化、管理服务化，形成学、教、研、管、政和谐一体的人才成长格局；实行全员全程本科生成长导师制，并引入学术模式，将学生思想政治教育、生活成长、专业规划、学业发展有机融合，分段分类指导学生专业学习、能力提升与综合素质培养。切实做到了以内涵发展为导向，优化"大类招生、分类培养"进出口机制，优化"学研训创"协同育人机制，优化"年级辅导员——本科生导师"学生成长机制，是教育学学科建设创新人才培养工程规划进行的全面尝试，具有借鉴意义。

在访谈中，C大学一位前校长从教育学学科面向地区培养教育教学应用型人才角度的专业设置问题，提到了关于人才培养改革措施的一个想法："我认为，教育学学科的学生，本科生不宜大量培养，因为没有具体的数理化的专业，所以说这些人一部分走向教育管理行政岗位，一部分人就转行了。这种大量招生的问题就是，哪个中小学都首先需要语文、数学这样的老师，像教育学这样的人是'没专业'的。那么怎么办呢，C大学前七八年有一个非常好的做法，就是所有的师范生，比如说中文，专业一是中文，专业二呢就是教育，一共开了12门课，等于说学科群里选了12个分支学科，这样培养出来的教师就是货真价实受过教育学学科的理论培训了，这个叫教育学二学位制。这个对教育系或者说教科院的学生怎么办呢，也是鼓励二学位，就是在专业方面的，你可以选计算机、数理化等等。这就很好地发挥了教育学学科群培养教师的功能，就开两门公共课，一门教育学一门心理学，怎么能叫合格的教师。这样两个学位培养出来的教师相当于从教育系和中文系两个地方毕业的学生，所以说很全面。结果现在好像又回到老路上了，可能因为它耗费人、时间、精力，投入太多。按照我的想法这就是一个创举，就是今后教育学学科群发展在师范院校走向，都是非常重要的创意。全国实行类似的真不多。学生一毕业就拿两个学位，一个教育学学位，一个专业学位，这样当老师就比较优秀了，是发挥教育学学科培养教师的一个重大的改革和举措。"这个观点是基于C大学作为师范类高校的角度进行的考虑，虽然不一定符合教育学学科的人才培养规划，但是为地区培养从事教育教学工作的应用型人才方面提供了一个很好的思路。

D 大学在人才培养改革方面，改变传统的重理论轻实践的培养模式，以立德树人为人才培养模式创新的根本目的，把立德树人作为中心环节，实现全程育人、全方位育人、全员育人。强化教学中心地位，以深化课堂教学改革作为人才培养模式创新的载体抓手，通过引进网络教学综合平台，在全校范围内推进混合教学改革。落实学院的办学自主权，为人才培养模式创新提供有力保证。在人才培养模式创新中发挥好学院的主导作用；在学校加强对学院的监督、考核、评价中形成良性的互动。顺应经济社会发展需求，推进应用型专业转型发展，不断优化传统专业，突出特色专业，培育新兴专业，调整劣势专业。D 大学教育科学学院贯彻学校专业建设的总体部署，在教育学学科内，对现有的专业进行调整，2016 年起，停止招收教育学专业，开始招收小学教育专业，以适应学校培养应用型人才的办学定位。

（二）教育学学科协同科研创新规划

研究型大学知识创新的目标就是不断提高知识创新能力，以期更好地实践其人才培养、科学研究和社会服务的三大职能。研究型大学知识创新能力，是指在知识经济时代和竞争的环境下，研究型大学创造知识、传播和应用知识的能力[①]。"双一流"建设对于协同创新能力的要求是科学研究建设领域的重要环节。面向"双一流"建设的学科建设规划要坚持马克思主义的指导，加大协同创新工作培育力度，打造具有中国特色的新型智库，围绕服务地区发展实际，建设协同创新的平台，探索文化合作创新模式，实现文化资源的共享。依靠传统优势学科的研究，打造具有特色的跨学科、跨文化研究。为开发更多校企文化合作创新机遇，教育学学科应加大宣传力度，推广研究成果，转变科研组织方式，探索产学研协同创新机制。

---

① 张振刚. 中国研究型大学知识创新的战略研究 [M]. 北京：高等教育出版社，2003：168.

教育学学科协同创新科研工程坚持"走出去"和"引进来"并举，加强对外科技合作和学术交流，提高教学科研人员掌握前沿科技信息的水平。A、B、C、D四所大学都能做到每年遴选学科骨干到国内外著名大学、高水平科研机构进修或从事科研工作，大力吸引相关学者来校开展学术交流活动。即使是地处并不发达的地区的大学也不例外，学校在加强协同创新方式、创新科研组织形态、强化科研平台建设方面竭尽全力，按照"扶优、扶强、扶特"的建设思路，重点支持优势特色平台，积极承担重大项目，力争实现国家级、省部级科研平台和创新团队"零"的突破，鼓励科研平台面向国内外优势科研机构建立协同创新团队和基地，使其成为重大科研方向的策源地，重大科技成果的"孵化器"。

在访谈中，C大学教育学院的一位教授指出："教育学学科谈科研创新规划，一个所谓突破口就是要充分体现国家要求与地区实际需求紧密联系，既要出成果，又要培养相关人才。讲学科建设，是在科研创新、社会服务中培养相关人才，在人才培养过程中进行科研创新和服务社会，不能成为'两张皮'。现在咱们这边规划还算合理，有较强的理论方向，也能突出特色，应用性较强。"由此可见，教育学学科协同科研创新规划的重要理念就是与人才培养和社会服务职能紧密结合，共同发展。

2019年，C大学教育学院和D大学教育科学学院均获批了省（自治区）级重点教育基地建设项目，两个基地立足教育发展的现实需求，均以教育为建设定位，通过省级教育基地的平台，开展教育学学科建设、培养教育人才及深化教育研究。

D大学教育与心理发展研究基地建设目标如下。

（1）基地将整合D大学教育学、心理学、民族学等学科优势资源，凸显人文社会科学研究中的民族性、区域性特色，加强对外合作与交流，着重于民族地区社会经济以及文化发展研究，面向该省社会经济与文化建设的实际问题和现实需要，进行全面深入的研究，学以致用，为社会服务；并力求在3～5年时间内，以基地为科研平台，产生一批具有影响力的科研成果，促进 D 大学整体科学研究实力与水平。

（2）基地建设的 4 年中，争取至少获得 5～8 项省部级科研课题，争取
4 年获得 1～2 项国家级项目。团队成员在核心期刊发表论文 10～12 篇，
出版学术专著或教材 4～6 部。

（3）以基地为学术平台，加强与外校及相关科研单位的交流与合作，
邀请校外学者访问与讲学，资助基地团队成员外出访问与交流。建设期间，
每年至少举办 4～6 次学术讲座，每年主办 1～2 次国际国内学术研讨会，
比如与 D 大学学术期刊社合作主办"全国民族高等教育高峰论坛""某省
基础教育论坛"等。适当推动与国外学术机构之间合作与交流。

（4）本研究基地在发展策略上，采取定期公开面向校内外专家学者进
行课题招标的形式，寻求高水平合作伙伴，划出专项资金，重点资助跨院
系、跨学校的一些富有潜力的联合攻关项目，以保证本研究基地的科研水
平达到较高的质量。

（5）对于基地成员较高水平的研究成果，基地每年可投入一定的经费
资助出版，具体资助的项目（数量、投入经费等）由学术委员会审定。

（6）筹备建设研究基地网页，作为基地搭建的用来进行信息通报和学
术交流的平台，并对外起到较好的宣传和扩大影响的作用。

从 D 大学省级教育研究基地建设目标中可以看出，科研平台可以支持
D 大学教育科学学院在社会服务、科研项目、学术交流、科研成果和对外
宣传等方面的发展，为整合教育资源、提升科研水平提供有力的保障。

除此之外，在的科学研究协同创新工程中，学术期刊的建设同样占有
十分重要的地位，是提升教育学学科在同类型学科之中竞争力和学术影响
力的重要方面。C 大学教育学院的一位教授也表示："没有学报、没有杂志、
没有相关的报刊，研究成果需要传播啊，怎么办？通过学术期刊的建设就
能知道，这个学科大不大、发达不发达。国家层面，专门有所谓的学会，
像中国教育学会。我们的教育研究，据我所知，中央民族大学有一个《教
育研究》，内蒙古民族大学有一个《民族高等教育研究》。除了几所民族大

学的学报，就是《教育报》。明确带民族字样的教育学学科的学术期刊就这么几个了。我为什么强调这个呢，学术成果要传播出去，需要一个途径、媒介，这方面的发展是不是足以和这个学科的发展需求相适应。"

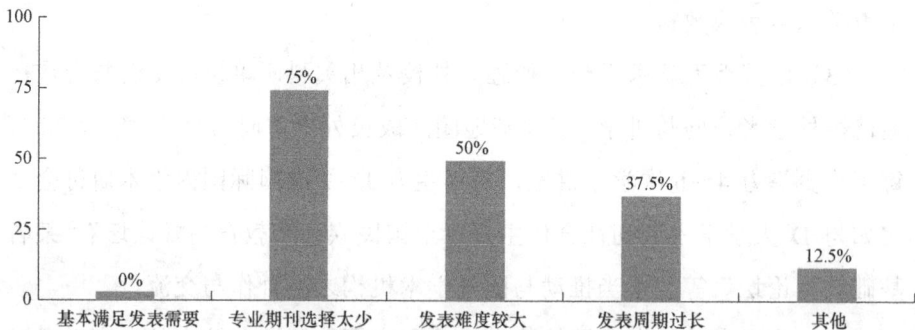

图 2-1　教育学相关研究发表情况

根据教师队伍对发表学术研究成果进行问卷调查，可以看出教师队伍对于学术期刊关于教育学及教育学学科相关研究的发表存在诸多想法，超半数的教师认为专业期刊选择太少，发表难度较大。由此可见，教育学学科的科研创新规划，还要关注到学术期刊的建设，不仅要扩大学术期刊建设的规模，更重要的是提升学术期刊的水平。要结合文化和地区的特色及优势学科，建设具有鲜明民族特色的学术期刊，不断加大宣传力度，积极约稿，拓宽组稿渠道，提高稿件质量，加强编辑队伍建设，切实提高学术期刊的整体质量，为全国甚至是世界范围内的教育的研究者提供互相交流、学习的平台和途径。

（三）教育学学科社会服务规划

社会服务是高校的重要职能,高校的社会服务功能表现在通过各学科、专业的人才培养实现未来对社会经济、政治等方面服务的间接功能，还表现在为社会性活动提供技术和场地支持，为当地政治、经济决策建言献策等直接参与社会政治、经济、文化等方面的发展。教育学学科社会服务职能的履行，一方面，加强和密切了与社会间的联系，为人才培养提供了更为广阔的实践平台和机会，使学校的人才培养模式更加符合社会需求；另一方面，通过参与社会服务，能够充分发挥高校作为人才聚集地为当地社会政治经济发展服务的优势。

在访谈中，A大学教育学院的一位教授说道："你有没有发现，现在社会学在人文社科当中研究越来越重要，我们课程当中有教育社会学，所以很多时候教育社会学的选题和我们研究教育的选题有很多都是重合的，当然他们是从社会发展的角度，我们是从民族区域的社会发展角度，有的时候是重合的。还有教育人类学、教育文化学这些课我们都是开的，这都属于我们教育学学科的大课程群里，通过这些就可以给我们的人才培养从社会服务的视角进行一个长远的规划。"

A大学教育学院一位教授举例说道："比如我们学生去做党建活动，也都是发挥我们教育学学科的特长，比如说某小学，我们学生专门去给他们讲文化、教舞蹈，这实际上是发挥我们大学的优势对社区的服务。这样的社会服务规划做好了是一个很棒的品牌，通过这个可以锻炼我们学生的讲课能力，也是一种社会服务，比如我们学生到社区讲文化啊什么的。所以我们在活动当中得牢记我们的特色、突出特色。"

作为地处民族地区的师范类综合性高校，C大学教育学院坚持"融入社会、服务社会、引领社会"的发展理念，面向国家和区域经济社会发展需求，发挥学科特色，带动多学科交叉融合发展，助力全国生态文明建设。

在访谈中，C大学教育学院的一位教授指出："教育学学科除了人才的序列培养以外还有一个非常重要的东西就是现在叫继续教育，继续教育给社会的老师们还有教育行政管理部门进行不断的培训，这个非常重要，属于社会服务的一方面。尤其现在有个专业硕士，叫教育硕士，在咱们C大学教育学院这几年，培养了成百上千的学生，太多了。这就给咱们省（自治区）内上到教育厅的各个部门，下到中小学培养了大批的人才，不管你本科什么专业，你来念了这个教育硕士，你回去之后就不一样了，经过教育学系统理论和方法技术的培训，他的工作、教学、行政管理等都会做得更好，这还不包括学术型的学位，就这个教育硕士。为什么说这个，因为这个涉及社会服务，也属于继续教育。所以说这个继续教育也是教育学学科的一大社会服务功能。另外一个层面，就是需要接受教育学培训的，应该从高校的教师到幼儿园的教师都需要继续教育，但是现在还是比较薄弱。高校不会教书的老师很多，咱们省（自治区）的高师培训中心就设到C大学了，这些年给各高校新进的老师进行岗前培训。现在大部分都是博士了，但是有的对教育学一窍不通，一般给他们岗前培训一个月，这也是咱们教育学学科的社会服务的一个重要职能。这种培训实际上应该大力加强，高校里很多老师是不懂教育学。甚至一些教授，他都不一定懂。所以说这种继续教育培训还是必需的。地方政府分管教育的行政领导，还有教育职能部门，教育局或者教体局的人，也必须接受系统的培训，如果连教育思想都没有不净胡来吗，对不对？"

由此可见，对于从事教育领域相关工作的人员进行继续教育，是教育学学科社会服务的一个重要规划。

C大学教育学学科的社会服务工程规划不但实施比较早，而且具有鲜明的特色，更重要的是坚持做到与时俱进，时刻根据国家最新政策制定相应的社会服务规划。例如，学校面向"一带一路"倡议，依靠地区特色项目，挖掘历史文化内涵，力争产出更多标志性成果，建设一批引领发展的新型智库，积极推进科技成果转化，重点在艺术设计、教育、生态保护等领域强化成果转化和应用，有效解决了国民经济和社会发展中的重大理论和现实问题。此外，学校充分发挥民族学、历史学、教育学等学科雄厚的研究力量和资源优势，充分交叉融合，与中国社会科学院合作完成了文化变迁纪录片和国家教育蓝皮书重大课题，得到政府和社会的高度认可，在学术界引起了强烈反响，具有开创性、模范性。

D大学教育科学学院的"暖阳"义教公益助学团队，面向当地贫困家庭中小学生开展以功课辅导为主，以素质拓展、文化体验等为辅的义务支教活动。2015年以来，义教公益助学活动累计时长约1 878小时，受到学校、受助学生及家长的高度认可，社会影响力在不断扩大，现已成为该校精品文化建设中的一道亮丽风景线。

通过对 A、B、C、D 四所大学教育学学科社会服务工程规划的梳理可以了解到，目前，教育学学科的社会服务职能履行除了依赖于为中小学培养师资外，近年来，通过对口帮扶教育水平相对落后的地区进行教师培训、参与区域性教育发展规划等直接的方式，不断推进教育学学科社会服务职能的履行，凸显教育学学科在参与社会服务中的独特地位。

针对目前教育学学科社会服务范围狭窄、与一线学校合作深度不够的问题，教育学学科要在未来的建设和发展规划中，不断拓宽参与社会服务的范围和方式，例如将社会服务下放到地区的村落等聚居区，而不是仅仅局限于对地区教师的培训，通过教育学学科的功能发挥，不断提高地区社会民众、学生家长的思想文化素质，转变教育观念。其次，建立健全与一线学校长期的、稳定的深度合作机制，要求教师不仅在科研、教学方面展开合作，而且能够为学校未来发展规划的制定提供科学思路和建议，充分发挥教育学学科在推进地区教育发展的智库作用。

（四）教育学学科文化传承规划

文化是一个人的底蕴，决定着人的价值观和处事方式，同时也是一个民族生存和发展的根基，一个缺少自身独特文化的民族注定会在历史发展的长河中被湮灭或取代。文化的传承和创新是保持民族多样性和文化多样性的重要措施。文化创新是一个民族永葆生机的重要源泉，促进着民族文化的繁荣昌盛。教育的文化功能在于保留、传承和创新文化，作为文化的组成部分，教育是文化得以传承和创新的重要途径和方式。

传承民族优秀传统文化是的重要职能。教育学学科文化传承以科学研究、课程设置、实践教学、学术交流、文化资源开发为载体。

在访谈中，A 大学教育学院的一位教授说道："我们在专业当中也注意传承这种优秀的民族文化，各个民族的优秀文化，因为我们有优势，我们有文化资源优势，内容我们都熟，我们也有的是人才，去社区服务的时候，你跳藏族舞我们有藏族学生，你跳彝族舞我们有彝族学生，再结合我们教育学学科讲授知识的这种技能，就很好地做到了社会服务和文化传承的规划要求。同时，也有很多学生可能不是，但是在地区生活，他对文化从小耳濡目染，也非常熟悉，这样的例子也不少。我们通过这样的一套规划，来实现优秀民族文化的传承。"

科学研究方面，民族文化传承研究始终是科学研究的重要内容，近年来，A大学也出版了《中国教育研究创新基地文库》《中国教育政策研究丛书》《教育学研究系列丛书》《教育研究新视野系列丛书》等研究成果。B大学出版了中国爱国主义传统丛书，《贵州民族文化传承的课堂民族志研究》等研究成果。

开设民族文化相关课程是传承民族文化最有效的途径。除了开设中华传统文化通论课外，A、B、C、D四所学校还开设了民族语言文字、民族历史文化、民族传统武术、民族传统乐器、民族书法等课程。此外，还开设了优秀传统文化视频课程，如B大学《异彩纷呈的民族文化》视频课程，入选了教育部"国家精品在线开放课程"。

实践教学是教育学学科建设的重要内容，是理论联系实际的桥梁。通过优秀传统文化进校园和校外实践，传承中华优秀传统文化。在中华优秀传统文化进校园中，四所高校都邀请了非物质文化遗产传承人在学校表演非物质文化遗产项目，A大学和B大学受文化部委托，举办了非物质文化遗产传承人培训班，培养了一批传承民族文化的人才，有效促进了非物质文化遗产传承工作。在文化传承校外实践方面，A大学举办了文化摄影作品展、民族文物展、传统射箭比赛等实践活动。B大学组织"楚之文化·绣之精华"汉绣文化三下乡活动，连续举办"丝路情缘"文化交流节等。此外，在教育学学科的建设过程中，学院也非常重视通过组织各种社团活动、文化月等多种方式，加强不同民族间文化的交流和学习。在学术交流方面，各个都通过讲座等专题活动，传承民族传统文化。如A大学"阅读民族经典，构建书香民大礼敬中华优秀传统文化系列讲座"，B 大学的"民大讲坛"，定期邀请校内外专家，就民族语言习惯、文化传统、礼仪风俗、思想观念、情感认同、爱国主义情怀、宗教文化、社会历史等方面内容，对学生理解优秀民族传统文化有重要帮助。在民族文化资源开发方面，民族博物馆和图书馆是整合民族文化资源的重要载体。博物馆收集、整理了较为丰富的传统文化实物，常年对本校学生和社会开放。学生从馆藏文献典籍、文史档案、民族服饰、生活生产器具、工艺作品、宗教器物、书画瑰宝中，领略民族文化的丰富多彩和神奇魅力。图书馆利用较为丰富的中华优秀传统文化馆藏资源，开展优秀传统文化教育传承活动①。

教育学学科在民族文化传承方面取得了一些成就的同时，我们也应该看到，民族文化传承中仍然存在着对民族传统文化传承工作重要性的认识不到位、课程设置不合理、民族文化传承实践不足、民族文化传承工作系统性不强等问题，因此，在教育学学科建设的传承创新文化工程规划中，应提高对民族传统文化传承工作重要性的认识，建立起开放的文化氛围，不断拓宽各文化间交流的方式和途径，鼓励各民族学生在学习过程中加强协作和沟通，通过定期组织召开教师间、学生间的文化交流活动，为民族文化展示和交流提供广阔的平台，促进各民族之间的文化交流的同时，增强学生的民族认同感和自信心，提高人才培养的质量，更好地服务于当地经济社会发展。同时，还要加大文化创新力度，鼓励教师和学生在社会实践的基础上，借鉴其他民族优秀文化和外来文化的有益成果，在内容和形式上积极创新，以适应时代发展和民族发展的要求。此外，教育学院应定期组织召开区域间乃至全国范围内民族文化交流论坛，为研究者提供相互交流、学习的平台，通过不同研究者开展的对于区域间民族文化的研究，一方面增进研究者对于不同民族文化的了解，另一方面也能够为日后民族文化的理论研究和实践研究提供思路、方法和经验。在文化传承和创新问

---

① 段超，李秀林. 新时代加强中华优秀传统文化传承的思考——以国家民委所属高校为例[J]. 中南民族大学学报（人文社会科学版），2019，39（6）：38-43.

题上，应逐步建立起奖励机制，对于在文化创新上有突出贡献的教师和学生，给予相应的物质奖励和精神奖励。

二、教育学学科专业布局

专业布局即学院的具体专业设置的整体安排和布局，关系着学科的办学定位和发展活力。我国对于高校学科划分也随着时代变化发展在不断整合和优化。目前，依据《普通高等学校本科专业目录（2020版）》，我国将教育学专业划分为教育学、科学教育、人文教育、教育技术学、艺术教育、学前教育、小学教育、特殊教育、华文教育、教育康复学、卫生教育、认知科学与技术 12 个专业。不同高校依据自身学科发展基础和优势，在这12 个专业门类中着重发展部分专业，打造学科品牌和学校品牌。近年来，随着我国高校教育的不断改革，各高校普遍注重科学设置专业，并关注交叉学科的发展。优化专业布局应该作为学校以及学科建设发展的重要工作。各高校要依托国家一流大学和一流学科建设项目，对接国家和地区重大战略发展需求，以提升学科整体水平和质量为目标，不断加强学科师资队伍建设，优化专业结构，促进学科内涵式发展，提高高校教育学学科的整体实力和竞争力。

对于有些高校而言，囿于地域条件和经济发展水平的限制，其可利用资源相对有限，如何利用有限资源，形成聚合效应和集成优势，是学科建设过程中首先应该考虑的因素。教育学学科建设要始终遵循学科内在发展规律，不断重组、优化和调整学科结构，实现教育学学科"规模、结构、质量、效益、特色"协调发展[①]，逐步增强学科建设水平和学科竞争力，提升学校整体的办学水平。

---

① 徐波. 调整学科布局，优化学科结构，搞好学科建设 [J]. 陕西师范大学学报（哲社版），2004（S1）：209-211.

（一）专业布局结构

专业布局结构在不同程度上反映了学科的办学定位和建设理念。专业布局结构是否合理，直接关系着学科整体功能的发挥，影响着与学科建设密切相关的各种人、财、物资源的分配。改革开放以来，在国家和各级政府、高等学校自身的共同努力下，我国高校的学科布局结构持续优化，学科集群优势不断凸显，培养了一大批高素质人才，为国家和地区的经济文化发展和创新体系建设作出了巨大贡献。但也应看到，在学科建设过程中部分高校出现了专业布局结构失衡、重点优势专业稀缺、学科内部各专业间存在一定的重复建设等问题，极大地阻碍了学科和学校整体的发展。在教育学学科建设过程中，部分高校教育学学科下设的教育学、小学教育等专业中，专业与专业间在目标定位、人才培养、课程设置上都存在一定程度的重复，缺乏专业特色。而且，在专业设置上缺乏对专业发展趋势的前瞻性考虑，专业发展难以应对时代和社会的变化和发展，出现部分专业开设时间极短的问题，使得专业建设、教师梯队建设、教学和科研等方面均受到了消极影响，教育教学资源得不到充分的利用。

在访谈中，A大学教育学院的一位教授说道："我们教育学的硕士一级学科授权点下来之后，我们最开始自主设立了课程论、高等教育专业。因为有一级学科授权点了你教育学硕士可以自己设，报批就行了。我们在设立专业时候的考虑就是要突出民族特色优势，还是要结合民族学。"双一流"规划给我们的一个机遇是什么呢，就是说你的学科发展好了，是不受限于学校水平的，通俗讲，你突出自己的特色优势去搞学科建设，把你的专业布局啊、科研方向啊设置好，学科发展得好了，就是被认可的，不会因为你学校其他学科发展得一般，或者说整体的竞争力不够，就耽误你这个学科的发展，这就是机遇。那我们搞教育学学科建设，就是得从专业设置上就突出我们的特色优势，就是文化这一块。"关于这一问题的看法，B、C、D大学教育学学科的教授都发表了类似的观点，赞同此种说法。

另外，关于教育学一级学科博士点的申报，A大学教育学院的教授说道："我们现在申请博士的一级学科授权点，因为现在咱们的博士是在民族学一级学科下面的，分类有点尴尬，作为学科布局结构，我们积极去优化，所以一直努力申请，也是因为我们这么多年来，发展得也不错，取得了那么多的成就，但是申请了几次都没成，其实条件很好的，但是政策的一个倾斜，就是重点投向地区了，我们就有点吃亏。看很多地区的高校拿到一级博点了，也挺好，说明这个学科发展得越来越好嘛，但是我们的条件说实话比他们都不差，就是政策方面有点吃亏。"

谈到政策倾斜，C大学的一位教授也谈到了关于博士授权点的申报问题："其实要说教育学学科申请教育学博士一级授权点，我觉得有个问题就是得打破边缘学科的这个思维误区。咱们是具有特色的教育学，往大了说是民族学和教育学的交叉学科，但是在学科群里还没有形成规范学科的共识，老是觉得是个边缘学科。一部分人觉得你这就是主打民族学的，另一部分人认可你是教育学，可是教育学有专门的师范大学，人家已经发展有一定规模了，所以咱们申请难度大，博士点太少。"

由此可见，教育学学科专业布局结构主要展现该学科设置的专业及专业分布的情况。在学科建设过程中要明确学科建设重点，凝练学科专业方向，集中优势力量建成一批特色鲜明、贡献突出的专业，实现以专业建设带动学科建设，提高学科整体发展水平；要逐步构建起专业动态调整的预警和退出机制，着力打造优势专业和特色专业，进一步优化学科布局结构；适时调整或关停教育学学科内部部分实力较弱、发展较为乏力且不符合国家社会发展需要和学校发展要求的专业，从而避免资源浪费，集中优势力量进行学科建设。具体来说，某一专业的设置要在充分考虑到教育学学科发展现状和已有基础、社会发展对这一专业人才培养的实际需求，经由教育专家反复论证的基础上积极申报，学校及学院针对该专业成立时间、基础等因素分析，根据该专业建设需要给予重点扶持，加强基础设施建设，充实师资队伍力量，最终推动该专业的快速建设和发展。在专业设置后续调整方面，还要针对该专业近年来发展情况，及时调整专业招生规模，重新分配专业教师等方式不断优化学科布局结构，更好地推动了教育学学科的整体发展。

（二）学科发展模式

学科发展模式，即学科在长期发展过程中形成的独特的、稳定的发展方向，及其在体制、结构、思维等方面的特点。由于各学科性质、任务，地域发展和学校特色等方面均有差异，决定了适合各学科发展的模式不尽相同。在长期的学科建设和发展过程中，我国大学学科建设多呈现的是投资驱动、权力推进、资源依赖、知识技术跟进等发展模式①。传统的外延式的学科建设，多以数量为衡量学科建设和发展的标准，依靠不断扩充专业发展规模实现学科的发展。毋庸置疑，外延式的学科发展模式在高校学科建设和发展过程中曾起到一定的积极作用，但随着时代不断变化发展、科学技术不断进步，传统的学科发展模式越来越难以适应高校学科建设的需要。

教育学学科发展模式是学科布局的重要内容之一，是学科内部各专业之间协调发展的问题。特色学科差异化发展模式是教育学学科建设和发展的特点。A、B、C、D 四所大学教育学学科始终将内涵发展作为学科建设的重中之重，遵循教育学学科建设和发展的内在规律，不断创新学科发展模式。在学科建设过程中充分考虑到学科自身特点、学科已有发展基础及未来发展趋势、教师队伍建设情况、社会发展需求，转变以往的单纯的外延式的学科发展模式，打破学科间的体制机制壁垒，加强教育学学科与其他相关学科，尤其是民族学学科的交叉和融合，培育新的学科生长点。同时，也十分注重优化学科资源配置，配套相应的投入和保障机制，并根据学科建设的具体实施情况实行动态调整，形成以民族学和教育学为基础，

---

① 张金福，宣勇，王才领. 我国大学学科发展模式的反思与创新 [J]. 高等工程教育研究，2008（1）：95-99.

"以点带面、协同发展"特色学科发展模式。此外，出于对教育学学科本身学科性质和培养目标的考虑，各大学教育学院也非常重视教育实习实践基地的建设，不断增加专业实践课程和实践环节的课时比例和比重，实现专业基础课和专业实践课的有机结合、理论与实践相结合。地处民族地区的还通过与地区一线中小学、幼儿园对接，着重发展和提升学生的教育教学实践能力，不断推进教育学学科建设，提升教育学学科发展水平和质量，并以此为支撑，为教育学学科的进一步发展提供新的平台和机遇。

在访谈中，C大学的一位教授指出："任何一个地区教育事业的学术支持应该是教育学学科，就是你定位这个东西要定位在这个上面，教育事业本身的学术支持就是教育学学科，大到教育法规政策研究、教育评价、教育测量，再到教育思想，小到课堂授课技巧，一直到学科教学。"

因此，教育学学科建设和发展，要积极转变学科发展理念，使学科发展模式从外延式建设逐步转入内涵式发展，积极寻找和创新适合本学科发展的模式，使人才培养真正与社会需求相契合。这既是学校、学科可持续发展的必然选择，也是提升学校和学科整体竞争力的关键。当然，在自身不断创新的同时，也要看到国外高校学科建设模式的优秀成果。高校在自身学科建设过程中，要善于学习和借鉴国内其他高校或国外高校学科建设发展模式和优秀经验，结合自身学校特点、地区经济发展水平，不断创新学科发展模式。

（三）学科布局调整

学科布局调整，即学校或学院根据学科发展现状和规律，结合学校或学院整体发展需要，对学科专业设置、布局结构等方面进行的优化和调整工作。不同的学科存在于大学的组织环境之中，并相互争夺学科发展资源。由于组织承载力的不同，组织所能承载的学科数量和学科布局并不相同。当组织承载力下降时，只有最适应组织环境的学科才能生存下来。因此，学科布局调整既是一个自然选择的过程，又是一个组织权力运作的过程①。学科布局调整是一项系统性的工作，是关系到学校或学院未来发展的战略性重要任务，也是关系到学校"双一流"建设水平和质量的大事。必须将学科建设与师资队伍建设、资源配置、行政管理等工作有机结合起来，要求学校及学院各相关职能部门通力协作、密切配合，形成联动机制，避免由于各部门间沟通不协调而造成的各种资源浪费，共同保障学科建设工作的顺利开展。

在谈到学科布局调整时，C 大学的一位前校长举了一个例子："据我所知，高教研究室非常受重视，包括工大、农大，都设过高教研究室，那么它的支持学科就叫高等教育学。当然这个高教研究室有的叫高教研究所，他们都是办行政，运用教育学学科的东西给学校的发展和管理提出各种建议、制定政策。咱们当年就有一个教育科学研究所，人家工大、农大高教研究室都发展好多年了，而且很受重视。像北师大高教研究所的所长就是当年的校长钟秉林，副所长就是当副校长的，能看出来这是很重视的。理工类的学校都高度重视高等教育的研究，咱们作为地区师范类的高校，没有不行，所以也专门成立了一个高教研究所，和发展规划处两个牌子一个单位。所以说教育学学科建设这一块对高校的作用、支持上，这是一个非常重要的布局，很多学校都高度重视。"

由此可见，教育学学科布局体现了立足地区发展教育的学术价值追求，通过内部资源的整合分配，实现价值的最大化。整个布局调整就是决策过程，要充分考虑办学宗旨、社会需求及现实资源。在教育学学科布局调整方式上，主要遵循的原则就是优先发展优势学科，集中力量打造特色学科。

在学科布局调整实践方面，D 大学结合地处地区的实际与特色，通过学校制定的一系列文件规定，明确各单位在学科建设中的职责和任务，以

① 孟照海. 有选择的卓越：世界一流大学的学科布局调整策略——以美国哥伦比亚大学为例 [J]. 高等教育研究，2018，39（3）：30-36.

实现"布局结构合理、目标定位明确、竞争优势持续"为学科布局调整目标。学校还通过成立学科建设工作领导小组、专家咨询小组等相关的组织机构，负责教育学学科建设的组织领导与咨询工作。在二级学院层面，学院依照和对标学科评估标准和结果，科学进行教育学学科布局调整。在前期对教育学学科充分调研、反复论证的基础上，以特色学科和专业为重要抓手，吸收和借鉴国内外高校在学科布局调整方面的先进经验，做好教育学学科布局调整的系统规划，全面提升学科建设的水平和质量，构建符合世界一流大学发展需要的一流学科体系。此外，学科布局调整是关系学科建设发展、学校未来整体发展的一线重要工作，也关系学科内部相关专业师生的切身利益。因此，学校及学院各单位要从学校大局出发，做好思想动员和舆论宣传工作，正确处理好个人利益与组织利益、局部利益与整体利益的关系，高度重视学科建设工作，统一思想和步伐，推动学校一流学科建设步伐。

第二节　教育学学科体制建设

教育学学科体制建设是在地区的特殊背景下，为实现教育学学科组织方式和学科制度建设而进行的活动规划。在特定的政策指导下，现阶段教育学学科建设为实现在"双一流"建设目标指导下的教育事业发展而对学科的组织机构设置和职能分配进行规划，并对学科建设的管理体制优化升级。

一、组织机构设置与职能

组织机构是一项活动的整体框架，组织机构建设是对一项活动进行分工并合理安排各部分联系的行为。教育学学科组织机构设置与职能是学科建设顺利进行的首要保障，包括从上至下、层次清晰的组织机构建立及科学合理的职能分配。从国家层面、省级层面及具体到高校层面的有关教育学学科建设的组织机构设置与职能主要涉及教育部、国家民族事务委员会、各省及高校内部等相关部门。

（一）国家层面

国家层面的组织机构设置主要是教育部中涉及教育学学科建设的各机构。中华人民共和国教育部的机构设置分为司局机构、直属单位、直属高校及驻部纪检监察组。教育部司局机构中关于教育学学科建设的组织机构是教育司，主要指导、协调教育的特殊性工作；统筹规划"双语"教育工作；指导中小学生民族团结教育；负责协调对民族地区的教育援助[1]。另外，教育部学位管理与研究生教育司同国务院学位委员办公室合署办公，共同承担"双一流"战略规划各个项目的实施与协调工作，涉及学科建设的相关职能包括拟定全国学位与研究生教育工作的改革与发展规划、指导学科建设与管理工作、指导与管理研究生培养工作等[2]。

教育部直属单位中关于教育学学科建设的组织机构有学校规划建设发展中心、中国教育科学研究院、教育发展研究中心及教育发展中心。教育部学校规划建设发展中心作为教育部直属事业单位，以服务教育改革创新为使命，是在新时期努力建设教育创新要素聚集的平台，旨在推动建设全球教育创新[3]。该中心是经中央机构编制委员会办公室批准设立的教育部直属事业单位，以为全国学校规划建设发展提供服务为宗旨，主要职能涉及学科建设的方面包括开展国家教育规划、区域教育规划和学校发展规划的研究与监测；开展教育规模、布局、结构、院校设置等重大政策研究；开展教育统计分析、决策支持和学校综合信息、综合评价服务；开展学校

---

① 教育部. 教育司介绍［EB/OL］. http://www.moe.gov.cn/s78/A09/moe_889/201001/t20100131_82450.html.

② 教育部. 学位管理与研究生教育司（国务院学位委员会办公室）介绍［EB/OL］. http://www.moe.gov.cn/s78/A22/moe_305/201512/t20151218_225393.html.

③ 教育部学校规划建设发展中心. 中心简介［EB/OL］. http://www.csdp.edu.cn/onepage159.html.

建设规划和项目投资、建设服务，推动学校建设发展标准和规范的研究和宣传推广①。

中国教育科学研究院的前身是 1941 年 9 月 8 日成立的中央研究院下设的中国教育研究室。1957 年 1 月 26 日，中央教育科学研究所成立，主要成员来自中国教育研究室。"文化大革命"期间，中央教育科学研究所停办，1978 年 7 月 14 日恢复重建。2011 年 11 月，正式更名为中国教育科学研究院。中国教育科学研究院是综合性教育科学研究机构，设有教育发展与改革、教育理论、基础教育、高等教育、教学、教育督导评估、教师发展、德育与心理特教、体育卫生艺术教育、国际与比较教育、教育信息与数据统计、职业与继续教育、教育法治与教育标准等 13 个研究所②。

1986 年，为适应我国教育事业发展与改革，国家教育发展研究中心应运而生，是服务于国家教育宏观决策咨询的研究机构。该中心的主要职能是，承担国家重大教育政策调研、重要教育文稿和文本起草、教育发展前瞻性和战略性问题的研究任务，与地方、学校合作进行教育科学研究，开展教育智库国际交流与合作，对国家教育政策进行宣传解读，推动教育改革创新实践，是为党中央、国务院、教育部党组服务的重要教育政策智库③。

2010 年 12 月 1 日，经中央机构编制委员会办公室批准成立教育发展中心，面向我国教育事务工作。机构内分设综合办公室、综合研究室、双语教育研究室、教育协作研究室、区域教育研究室及教育质量评价研究室。教育发展中心是针对教育的特殊性研究，为促进教育事业发展提供政策上的规划指导。

国家民族事务委员会是中华人民共和国最早成立的中央部委之一。

———————

① 教育部学校规划建设发展中心. 中心职能［EB/OL］. http://www.csdp.edu.cn/onepage68.html.

② 中国教育科学研究院基本情况介绍［EB/OL］. http://www.nies.net.cn/gywm/lsyg/jbjs/201809/t20180910_334148.html.

③ 国家教育发展研究中心. 教育部教育发展研究中心简介［EB/OL］. http://www.ncedr.edu.cn/zxgk/zxjj/.

1949 年 10 月 22 日，中央人民政府民族事务委员会成立，简称中央民委。1954 年全国人大一次会议上，中央人民政府民族事务委员会改称中华人民共和国民族事务委员会。1970 年 6 月 22 日，中华人民共和国民族事务委员会撤销。1978 年，全国人大五届一次会议决定恢复国家民族事务委员会，简称国家民委，此后一直作为国务院组成部门①。民族事务委员会的机构设置中有关教育学学科建设的机构是教育科技司，其主要职责是研究提出和民族地区教育、科技发展特殊政策建议，协调或配合有关部门处理具体事宜；配合办理扶持、援助教育有关事项，承担语言文字及翻译的有关管理工作，参与协调双语教育工作；指导有关科技科研工作；参与管理教育中央补助专款；指导民族语文机构和直属民族院校业务工作；承办委领导交办的其他事项②。不仅涉及地区教育政策的制定，而且细化到科研工作、经费投入等具体工作事项的管理。在教育科技司内分设综合处、高教处、基础教育处及民族语文处承担不同职能的分配。本书中的 A、B 两所大学属于国家民委直属高校，这些直属高校的职能都是维护民族团结、发展教育事业，从而促进民族地区经济社会的发展。

国家层面的组织机构职能肩负着指引我国教育事业发展方向的重要使命。正如在访谈中 C 大学教育学院的一位教授指出："我们是跟着国家的指挥棒走的，所有的政策都是要看指挥棒的，国家的发展要求会为后续的各项具体措施铺平道路，我们的很多政策都必然是按着这些规划走的。"

（二）省（自治区、直辖市）级层面

各省（自治区、直辖市）级层面有关教育学学科建设的组织机构设置主要是各省（自治区、直辖市）级人民政府及其所属各省（自治区、直辖市）级教育厅。民族学院的教育学学科组织机构在各省（自治区、直辖

---

① 中华人民共和国国家民族事务委员会. 历史沿革［EB/OL］. http://www.seac.gov.cn/seac/mwjs/201012/1009123.shtml.

② 中华人民共和国国家事务委员会. 教育科技司［EB/OL］. http://www.seac.gov.cn/seac/mwjs/201805/1009182.html.

市）级层面的机构还涉及国家民族事务委员会下设的各地方民委。本书中的 C、D 两所大学地处我国民族地区，其所在省（自治区、直辖市）的人民政府与教育学学科有关的机构设置是该省（自治区、直辖市）的教育厅。除此之外，与该省（自治区、直辖市）教育厅属于同一机构下的高等学校工作委员会是省（自治区、直辖市）党委的派出机构，两者共同承担职能职责。其内设的职能处室中直接参与有关教育学学科建设的是教育处与高等教育处。

教育学学科建设逻辑与路径研究符合高等教育处的职能规划，作为服务地区的教育发展研究，同时接受教育处的指导与协调。教育处的职能包括统筹协调指导该地区的教育工作，根据国家政策指导制定符合该地区发展实际的政策规划文件并组织实施；科学合理指导教育师资队伍建设，指导教育教学工作及合作交流项目；结合本省（自治区、直辖市）民族语言发展的需求，规划并指导双语教学和民族文字教材建设，负责民族语言文字保护和规范工作；指导该省（自治区、直辖市）教育系统民族团结教育；及时有效应对教育领域内的各项工作。高等教育处的职能是针对高等教育的统筹管理和指导工作，对地区高等教育和民办高等学历教育工作进行管控和指导；对该省（自治区、直辖市）高等学校的师资、教材、科研和民族团结思想教学工作进行规划指导；参与该省（自治区、直辖市）高等学校的体制改革和布局调整工作；负责监督和检查该省（自治区、直辖市）高等学校的专业设置与教育质量，并进行评估工作。

省（自治区、直辖市）级层面的组织机构职能很重要的一个方面就是对国家教育方针政策的解读，是在结合本地区实际的前提下，积极贯彻落实国家的教育发展规划，制定切实可行的政策。同时，还承担着向国家层面提供基层教育发展实际情况的职责。

（三）高校层面

高校内部的教育学学科建设组织机构关系到教育学院、教务处、科研处等教学和科研单位，具体工作主要由教育学院承担完成。本书选取的 A、B、C、D 四所大学教育学学科组织机构在高校内部的设置与职能在科研处、教务处、教师发展中心等部门与院所的配合下，都曾经与其他院所或科研机构有过发展交集。伴随着教育科学理论的发展，教育学学科的受重视程度不断提升并逐渐成立了相对独立的研究机构，承担着理论与实践研究的职能，肩负着教育学学科建设发展及为地区的社会发展培养所需人才的重要任务。

作为国家民委直属高校，A、B 两所大学的教育学院都是从教育学学科相关专业教研室发展而来。A 大学教育学院前身是教育学教研室，后经由高教研究室、教育学心理学教研室和学校编辑部合并而成教育研究所，经过近十年的发展建设最终成立为教育学院。同样是国家民委直属高校的 B 大学，教育学院的前身是教育心理学教研室，后经发展成立教育管理系，并最终成立教育学院。C、D 两所大学地处我国民族地区，教育学学科组织机构最初都是教育系，又都曾因发展规划需要并入到人文学院，伴随着教育科学的发展，最终从人文学院独立出来，成立教育科学学院，专门研究教育学学科理论与实践问题。与 A、B、D 三所不同，C 大学地处民族地区，是具有民族特色的综合性师范大学，同时也肩负着该地区培养基础教育、教育师资和复合型人才的重要使命，是该地区各级各类教师教育培养的摇篮。"双一流"战略规划实施以来，为了优化整合教育学学科专业力量，积极贯彻落实学校"双一流"建设规划，校党委合并了该校教育科学学院、教育信息技术学院、基础教育学院，成立教育学院。

高校层面的组织机构设置因学校的发展历史、地域文化背景、社会服务面向等因素的差异而各有不同，但是其共同的职能都是为了促进教育学学科的发展，助力本校的教育科学研究，为人才培养提供支撑。

二、组织机构管理

管理体制是否科学合理，是学科建设能否顺利进行的重要前提。教育学学科的管理体制包含宏观的政府、社会层面和微观的高校内部层面，是为了使学科建设更加科学有效而建立的内外部系统结构，通过确立各级学科组织的职责分配与隶属关系，最终实现学科管理的科学性与高效性。教育学学科宏观层面的管理体制是国家为了指导地区高校的办学思想而制定的具体制度，体现了社会系统中政府与高校之间的关系，更集中体现着党和国家有关地区教育学学科发展的路线、方针、政策。教育学学科微观层面的管理体制是高校内部人员、经费的分配与专业、课程设置的具体职责划分。随着教育科学研究的深入，高校管理体制改革不断深化，在经历了不同的发展阶段后，为完善高校管理体制积累了丰富的经验。

（一）起步探索阶段

1985—1997 年是我国高校管理体制建设的起步探索阶段。1985 年颁布的《中共中央关于教育体制改革的决定》（以下简称《决定》）拉开了高校教育管理体制改革的序幕。此项改革的根本目的是提高国民素质，多出人才，出好人才。《决定》中对教育工作不能很好地适应社会主义现代化建设的原因进行了分析，针对政府有关部门对高等学校过度管控的问题，要求在加强宏观管理的同时，坚决实行简政放权，扩大学校的办学自主权。《决定》中有关高等教育的相关改革是高等学校的招生计划和毕业生分配制度，扩大高等学校办学自主权。次年 3 月，国务院颁布的《高等教育管理职责暂行规定》进一步针对高等教育的办学自主权以及具体管理措施进行了指导。为高等教育能够更好地服务社会主义建设提供了法律依据，调动了高校的积极性。因此，提高办学自主权是这一阶段高等教育管理体制改革的主要贡献。这一时期的教育学学科管理体制建设正处在起步阶段，党群系统中的党组织、工会组织、共青团组织、学生组织都刚刚成立；行政系统中的行政机构、教学机构、科研机构和教辅机构的工作协同发展；教学委员会、学术委员会、教师职称评议组等其他机构也在探索中发展。

1992 年，党的十四大召开及邓小平南方谈话推进了我国教育体制改革向适应市场经济体制的发展逐渐转变。在新形势下，中共中央、国务院于1993 年印发了《中国教育改革和发展纲要》（以下简称《纲要》），明确了教育工作要适应社会主义市场经济体制的方针，更好地为社会主义现代化建设服务。《纲要》着眼于教育体制改革、教育质量、教师队伍建设及教育经费这几个方面的改革发展，确定了走内涵为主的发展道路。有关高等教育管理体制改革方面，特别提出要区别不同地区、学校，根据具体情况设置各自不同的发展目标与任务，充分关照到的办学目标与规划。逐步建立起政府宏观管理、学校面向社会自主办学的体制。1995 年，国务院办公厅转发国家教委《关于深化高等教育体制改革的若干意见》，强调了办学体制的概念，从高等教育的角度对管理分工加以重视。明确了高等教育管理体制改革是一项长远的发展规划。自此，教育学学科迎来了发展的机遇与挑战。

（二）稳步发展阶段

1998—2007 年，是我国高校管理体制建设的稳步发展阶段。这一阶段，伴随着各项计划与法规的颁布，管理体制建设有了科学合理的指导，更加规范。在国家总体教育发展战略的指导下，教育学学科发展更加具有针对性。1998 年，《面向 21 世纪教育振兴行动计划》是在党的十五大提出科教兴国战略下制定的发展计划。同年通过的《高等教育法》于 1999 年正式实施，这是贯彻科教兴国战略的重要法律依据，是国家首次以法律形式对高等院校办学自主权进行的规定。《高等教育法》确定了这一时期高等教育的任务是培养具有社会责任感、创新精神和实践能力的高级专门人才，发展科学技术文化，促进社会主义现代化建设。为保证教学质量，增强学校办学活力，各高校可根据社会需求和办学条件自主制定招生方案、教学计划，是在法律法规的指导下推动我国高等教育走上依法治教的轨道。《2003—2007 年教育振兴行动计划》是为了加强和巩固有关教育振兴计划而制定的近五年的发展规划，要求进一步完善科教兴国和人才强国战略。

《计划》中对高等教育领域提出了重点推进高水平大学和重点学科建设的目标任务。这一阶段的教育发展和改革结合了实际需要，进入了稳步发展时期，为建设有中国特色社会主义现代化教育体系贡献了力量。正如在访谈中 C 大学的一位副校长所说："这个阶段的几个重要决策和出台的一系列文件都是很有意义的，咱们的教育学院就是从 1999 年开始陆续获得教育学学科相关专业的硕士学位授予权及教育硕士专业学位点，这样慢慢发展得越来越好。地区嘛，就得肩负起为地区培养高层次人才的重任，所以说这个学科管理体制建设是应该要提出更加完善的要求的。"

（三）优化升级阶段

2008 年至今，是我国高校管理体制建设的优化升级阶段。这一时期，教育学学科的管理体制建设基本已步入正轨，形成了科学的体系，面对时代发展变化及国家竞争日益激烈的现实，摒弃旧观念，发展建设更加科学合理的管理体制是十分紧迫的任务。2008 年，教育部着手起草国家中长期教育改革与发展规划纲要，并于 2010 年正式发布《国家中长期教育改革和发展规划纲要（2010—2020 年）》。这是进入 21 世纪以来我国首个教育规划纲领性文件。《纲要》第十五章详细布置了管理体制改革的目标任务与计划，强调以转变政府职能和简政放权为重点，进一步加大省级政府对区域内各级各类教育的统筹，健全统筹有力、权责明确的教育管理体制。这一阶段的教育管理体制改革进一步强化了地方政府的职能，落实了高校的办学自主权并建立健全了相应的法律法规，使高校的自主办学在经历了起步阶段、探索阶段和发展阶段后进入稳步提升的优化阶段，并拥有充分的法律依据与保障。政府在高等教育管理体制改革中的角色发生了转变，在权力下放的过程中逐渐明确了自身职责是宏观调控和整体规划，具体的实施过程则需要地方政府以及高等院校自身的调节与规划，结合地方经济社会发展的实际需求以及高校的自身能力最终确定。教育学学科管理体制改革是一项复杂持久的系统工程，社会在前进，地区的经济社会在发展，地区的文化建设也在不断进步，地区高等教育管理体制改革也在不断深入。

第三节　教育学学科评价机制建设

2020 年 6 月 30 日，习近平总书记在中央全面深化改革委员会第十四次会议中发表重要讲话，其中提到"教育评价事关教育发展方向，要全面贯彻党的教育方针，坚持社会主义办学方向，落实立德树人根本任务，遵循教育规律，针对不同主体和不同学段、不同类型教育特点，改进结果评价，强化过程评价，探索增值评价，健全综合评价，着力破除唯分数、唯升学、唯文凭、唯论文、唯帽子的顽瘴痼疾，建立科学的、符合时代要求的教育评价制度和机制。"对教育评价理论与方法的研究，与教育基础理论研究和教育发展研究是当代教育科学研究的三大领域，教育评价作为教育科学研究的三大领域之一，对于推动教育事业科学、有序发展具有重要的研究价值与意义，同时也是教育学学科建设和科学研究发展的重要环节。

一、教育学学科评价模式与类型

评价属于教育管理工作的范围，教育管理工作主要职责是为教育教学工作的顺利进行和人才培养提供保障。建立健全教学、科研等竞争激励和约束机制是教育学学科管理工作的重点。教学评价的目标是实践"可持续发展与以人为本"的理念，通过系统化、科学化、规范化、经常化的教学工作评价来促进教学质量，提升教学水平，实现教学目的，达成教育目标[①]。目前教育评价的模式有泰勒模式、CIPP 模式、目标游离模式、应答模式、对

---

① 胡中锋. 教育评价学 [M]. 北京：中国人民大学出版社，2008：162.

手模式等，其中泰勒模式的应用最为广泛。泰勒模式又称为行为目标模式，是美国的心理学家 Ralph W.Tyler 提出的。该评价模式就是以设定的目标作为依据，考核实际活动的完成情况与程度，教育活动受目标影响，评价就是判断实际活动与预设目标的差距。行为目标模式作为教育评价常用的评价模式，旨在通过信息的及时反馈，以行为目标为中心，纠正教育行为活动，促进实际工作靠近目标。由于泰勒模式流程简单、目标清晰，受到了广大一线教师的极大欢迎。我国教育评价的主要模式是以泰勒模式为模板的评价，旨在通过评价不断修正教育过程中的行为，促使其最终达到预设目标，推动教育发展。但也不能否认，泰勒模式本身也存在一定的弊端，因此，其他几种模式的提出在一定程度上也是对泰勒模式的补充。在教育教学的实践过程中，依据不同评价目的，综合运用多种评价模式进行评价可避免采用单一模式评价的弊端，充分发挥评价的作用。随着教育评价研究的不断深入，不同研究者依据不同分类标准对教育评价作出了分类，有利于教师、研究者更加深入地认识教育评价。

（一）教育学学科评价的范围分类

按范围分类的评价主要是对评价对象从宏观、中观和微观三个层面进行的。宏观层面的教育评价是从整体的、全局性的角度对教育目标、教育制度、教育结构等方面进行的评价，旨在对教育政策方针和发展战略进行调整，适应社会发展变化，促进教育事业发展进步。这种教育评价是以社会系统或教育系统作为评价主体，教育与社会相互作用关系状况为评价客体，其价值判断的依据是教育满足社会发展需求的程度[①]。教育学学科服务地区社会发展的职能就属于宏观教育评价的范畴，是考核教育学学科的人才培养能否为地区教育事业发展输送人才，科学研究是否助力教育工作的科技创新等方面的重要衡量标准和指标。依据教育部高等教育教学评估

---

① 吴钢. 现代教育评价教程 [M]. 北京：北京大学出版社，2008：9.

中心的规定，此类评价包括全国高校本科教学工作水平评估、新建高校本科教学工作合格评估、高等学校本科教学工作审核评估等，另外还对具有研究生培养和学位授予资格的一级学科进行全国高校学科评估等。同时，开展高等教育质量常态监测、年度高等教育质量报告研制等工作。

中观层面的教育评价对象主要集中在学校内部，是学校各部门对于办学条件、办学水平、规章制度、教学工作、师资队伍等工作内容的完成情况和实施情况进行评价，旨在不断改进学校内部教育教学工作，提升教育质量、完善教育管理。这种教育评价的评价主体主要是学校上级部门或专门的社会教育评价机构，评价客体就是学校内部各部门的工作状况，依据当时教育政策以及任务部署对教育质量进行的评价。教育学学科的人才培养、科学研究、办学条件、校风建设等都属于中观教育评价的内容，是对教育学学科的人才培养质量、科学研究水平以及校园文化建设等的综合考量。高校的各项自我评估就属于此类。例如 C 大学围绕科学研究发展制定的《C 大学科研工作量考核办法》《C 大学科研成果、项目、平台奖励办法》《C 大学教师教学质量评估方案》等，都属于中观层面的评价。

微观层面的教育评价对象是教育的核心内容，即学生，包括学生的学业成绩、实践能力、创新思维以及品德塑造等内容，旨在推进教学改革，提高教育教学质量，促进学生的全面发展。教师是微观教育评价的主体，评价客体就是学生的表现，围绕学生综合素质全面发展的要求进行评价。教育学学科针对学生的各类考试、实践考核、学期论文、毕业论文（设计）等，包括对学风的建设与考核，都属于微观层面的教育评价。

（二）教育学学科评价的主体分类

2013 年，教育部颁布了《关于普通高等学校本科教学评估工作的意见》，明确了"五位一体"的评估制度，要求"建立以高校自我评估为基础，以院校评估、专业认证及评估、国际评估和教学基本状态数据常规监测为主要内容，政府、学校、专门机构和社会多元评价相结合的，与中国特色现代高等教育体系相适应的教学评估制度",简称"五位一体"评估制度。按主体分类的评价分为自我评价和来自外部的评价。自我评价是一种普遍的、易开展的评价方式,主要就是依据教育评价标准对自己工作中的行为表现进行评价。学校内部通过教师和学生对学校办学水平的评价也属于自我评价的范畴。这一类评价是考验自觉性、主动性的评价活动。因为对评价内容比较熟悉,信息的收集也就比较全面、准确,评价工作也利于展开。当然,在自评过程中,也不可避免地会产生与实际发展不符(过高或过低)的评价结果。因此,在自评过程中,评价对象应如实地对自己的教育工作进行考察,及时自我反馈和修正,有助于改进管理,推动学校各项工作改革进步。发展的自评报告就属于这一类评价。通过自评,有助于获得对自身发展和工作的清晰认识,对标标准,弥补不足。目前,我国大部分教育学院都要依据学校的评价管理规定按年度提交本学院的自评报告。

来自外部的评价顾名思义就是他人的评价。这一类评价的主体较多,可以是来自培养对象的评价,也可以是主管部门的评价,也包括同行业评价以及社会评价。培养对象的评价就是学生对学校教育教学工作的感受,由于学生直面课堂,因而学生评价的优势是可以直观地表述教育教学活动中的切身体验。但是也具有明显的局限性,来自学生的评价容易忽视教育目标的整体规划,由于不了解教育管理的规律与系统,评价往往容易过于感性,可能造成评价的偏颇。主管部门的评价主要是上级管理部门或专业的教育评估机构,评价工作审慎、复杂,对评价对象的影响比较大,往往通过评价结果调整未来的发展部署。例如,接受教育部本科教学工作审核评估,专家组针对评估结果提出的发展规划与改革建议,往往影响着学校未来的工作重点部署和规划。这类评价往往影响着学校的办学定位,涉及学位点的申请等重要决策部署,因此受到高度重视,评价结果也比较客观和权威。社会评价是来自社会各界组织的综合评价,包括用人单位对高等学校人才培养质量的评价,反馈的是高等学校社会功能效益的贡献程度,是衡量学校整体办学质量的重要标准。当然也不能否认，由于社会或用人机构缺乏必要的评价理论和科学的评价指标，其评价结果也有着一定的片面性。社会评价反映了当地社会发展对人才的综合要求，可以帮助高等学校更好地满足服务社会发展的要求，反映高等教育在社会发展中的重要作用。例如每年开展的毕业生跟踪调查，通过走访用人单位，开展用人单位满意度抽样调查，全面了解用人单位对毕业生的综合评价，对学校未来人才培养过程和质量管理起到了积极的作用。

（三）教育学学科评价的内容分类

按内容分类的评价既包括对教育活动基础条件的评价，也包括对教育过程、教育质量和结果的评价等。在一定程度和范围内，评价内容分类越细致，越有助于获得客观、科学的评价结果。若超出一定的范围和程度，评价的内容指标则有可能过细、过繁杂，反而不利于获得较好的评价结果。

首先，基础条件的评价是对教育活动中的基础设施、教师资格等办学条件的评价，是教育活动最基本的要求。没有达到基础条件评价的教育活动就不涉及教育过程的评价了，但在实际的评价活动中，基础条件往往是最容易被忽视的环节。

基础条件评价达标后就进入了教育过程评价阶段，是对教学过程和管理中教与学的资源的评价。教育过程是一个多层次、多因素的复杂系统，涉及教师、学生、教学内容、教材选用、教学方法、教学环境等诸多因素，教师的教和学生的学构成了教师与学生的交互活动，两者相互依存、相互渗透[①]。正是由于教育过程的复杂性，决定了对教育过程的评价必然涉及多个方面，其评价难度也大大增加。过程评价旨在为促进学生发展提供科学依据，提高教学质量，促进教学改革，推动教育发展。

内容分类评价中的最后一个阶段就是结果评价。结果评价是人才培养

---

① 张伟江等著. 学校教育评估指标涉及概论［M］. 北京：高等教育出版社，2011：219.

最终成果的考核，是向社会输送人才的成果评价，是社会对于教育活动满意度的评估，同时也是学校办学质量的评价，办学质量中不仅涉及人才培养，还包括科学研究水平和社会服务职能的评价。具体来说，A、B、C、D 四所教育学院每年都有根据学科专业发展情况、基础设施使用率等作为评价基础设施能否满足学科及学院发展指标的评价活动，同时注重加强对教育过程的评价，通过行政管理、教师管理等手段展开对教育过程的多方位评价，以获取真实的评价结果，并根据评价结果及时进行相应调整。此外，还根据年终发展统计汇报及时进行回顾和反思，并做好下一年的规划工作，这些举措都有利于学院整体教育教学质量的提高和学科的建设发展。

二、教育学学科评价功能

（一）导向功能

评价的导向功能是通过目标与现状的差距，向评价对象指明奋斗目标，促使其接近预定目标。在评价活动中，首先要制定相应的评价标准，这个标准往往建立在服务社会、立足当下的前提下，当标准形成之后，所有教育活动都会以标准为方向，向着完成评价标准设定的目标而努力，评价的导向功能就显现出来了。从宏观的角度看，它引导着教育部门关于教育政策的制定；中观层面，它影响着学校办学方向的制定，以及学校各种教学目标的设置；微观层面的导向功能主要是对学生生活的指导，关于升学、就业、人生规划等。无论是哪一层面，其最终都指导于教育目的或目标的实现。现阶段我国教育学学科的建设和发展过程中，其评价始终围绕和指向"双一流"建设目标和促进学生全面发展。

（二）激励功能

评价的目的是调整教育活动偏离目标的修正行为，通过评价信息的反馈，评价对象及时改进工作中的不利环节，提高教育质量。与此同时，评价也能够为决策者制定政策提供依据。得到肯定评价的教育行为会受到褒奖，作为榜样进行宣传，评价中指出的不足要及时改进，这些行为都是为了更好地发展教育，激发工作热情与动力。通过评价可以区分优劣，明辨是非，可以使教育工作者知道自己的功过，也可以使被教育者懂得自己的长处和短处，还可以使社会各级各类人士了解学校的成就和不足。因此，教育评价可调动各方面的积极性，各方面的积极性调动起来了，提高教育质量的问题就容易解决了[①]。教育学学科建设始终鼓励竞争，期望通过激励制度调动教师的工作热情与积极性。由此可见，教育评价可以激发评价对象的竞争斗志，起到鞭策作用。

（三）调控功能

评价的调控功能是指评价对象根据评价结果及时发现存在的问题和不足并加以解决，对教育教学活动进行调节和控制，把握活动中各项情况顺利向目标发展。通过评估考核来约束岗位聘任、评优评先等一系列奖惩条例，其最终的目的是将教育系统的运行调节到令人满意的状态。高等教育作为培养高级专门型人才的教育系统，兼具科学研究的职责，是国家文化科技发展水平的表现，映射的是国家未来的发展潜力。高等教育阶段的评价体系建设是为保证高等学校教育的质量，及时为高等教育和学校管理提供反馈信息，切实做到主动适应社会经济发展的现实需要。同时，对于教师和学生而言，也十分注重评价的调控功能的发挥，根据评价结果及时调整自身的教育教学活动或学习过程。教育学学科建设要在获取科学、客观的评价结果的基础之上，根据评价结果及时调整自身的运行状态和管理模式，使学科发展更加符合自身发展实际、学科发展规律和时代要求。

---

① 张玉田，等. 学校教育评价［M］. 北京：中央民族学院出版社，1987：24.

三、教育学学科评价标准与指标体系

（一）教育学学科评价标准

为了使教育评价起到应有的作用，确定科学、合理的评价标准是首要工作，是评价者开展教育评价工作的起点。只有建立起科学、合理的评价标准，才能保障后续评价工作的顺利开展。建立评价标准是为了对评价对象的属性进行判断而设置的，兼具客观性与可靠性。由于评价对象和评价重点的差异，评价标准也是多种多样，例如教学工作评价标准依据的是教学目的、教学内容、教学方法、教学效果等。综合来看，评价标准大体都是由效能标准、职责标准和素质标准构成的。效能标准着眼于教育工作的效果和效率两个指标，主要考察评价教育工作对于人才培养质量和学校发展质量，强调育人工作过程要集中人力、物力、财力及各类资源最大程度地配合，提高教育工作的效率。例如对学校的评价，不仅要考查学生的发展状况，还要考查教师的工作积极性和贡献度，以及校风的建设，这些都属于效能标准范畴。对教师的评价则集中体现在学生对知识的掌握程度，实践能力的水平以及思想觉悟等方面。评价标准中的职责标准是对所承担的职责任务的完成情况进行评价，有助于增强被评价对象的责任感、使命感。以职责标准评价教师时，教师的教学质量、师德师风建设、科学研究工作的进展都可以视为标准范畴内的考核因素。素质标准是承担职责应该具备的相关素质条件的标准，体现在高校中就是对师资队伍水平、科学研究能力、基础设施完备度、校园文化建设等的基本要求。这一标准如体现在教师队伍中就是对教师学历、学识、教学能力、科学研究能力等素质的客观要求。评价标准的这三个组成因素之间相互配合，促进教育效果的最优化。

教育学学科对于评价标准的设置也从这三个因素出发，秉承人才培养、科学研究和社会服务的基本职责，在充分结合地区与学生发展实际的基础上积极构建教育学学科建设评价标准。在访谈中，B 大学教育学院的一位教授表示：“教育学学科建设的评价标准，当然还是与其他高校相比有无特色。”C 大学教育学院的一位教授也发表了相同的看法：“评价标准至少需要考虑到是否符合国家大政方针，要看其区域特色是否鲜明，对教育的发展是否有重要支撑，而且还要看是否满足学生发展的需求，这是最基本的考虑。”

结合具体的实践，以 C 大学为例，在职称评审量化指标中加大教学工作的比重，注重教学评价与考核，实行教学工作“一票否决”，并把师德表现作为教师工作考核、评先评优、职称评聘、职务晋升的首要条件，重视宣传优秀教师的典型事例，特别是对文化传承有特殊贡献的教师，努力营造崇尚师德、争当师德标兵的良好氛围。在评价标准建设方面，注重发挥职称评聘制度和业绩评价体系对教师发展的导向作用，通过制定量化评审办法等一系列指标评审制度，不断完善教师的评价体系和考核机制，激发广大教师的工作积极性。

（二）教育学学科评价指标体系

构建指标体系是评价工作的核心。一个完备的评价指标体系应该包含学校教学管理水平评价、教师教学工作评价、学生学习状态评价等一系列具体的分指标体系[①]。当然，针对评价对象和评价内容的不同，评价的指标体系构成和权重分配也有所不同。在构建指标体系的过程中，各高校依据相关评价理论，参照国内外成熟的评价指标体系和评价模式，尽可能全面地反映被评价对象在某一方面的特征。指标体系设置过程中不能过细或过空，指标过细容易导致评价工作繁杂，指标过空又不具有可操作性，因而，指标过细或过空都不利于后续教育评价工作的展开。其次，评价指标中的权重分配依据是重要性程度的不同。一般而言，对于重要程度较高的

---

① 胡中锋. 教育评价学 [M]. 北京：中国人民大学出版社，2008：193.

指标，其权重也较高，反之则相反，这就有利于评价者和评价对象明确评价的重点。而且，评价的指标体系和权重分配也不是固定不变的，要随着教育事业的发展和时代变化及时进行调整和变更，以适应社会发展需要，使评价对象获取科学、公正的评价结果。

在访谈中，B大学教育学院的一位教授指出："教育学学科评价指标体系的构建，要在学科发展到一定程度后才有可能，根本是要对学科自身有一定认识。"C大学教育学院的一位教授在谈到构建教育学学科指标体系时指出："这是个很大而且很重要的命题，至少应该考虑体制、制度、师资、学生发展、教学资源与条件、相关平台、成果、培养质量和政策、教材、课程、专业建设，还有社会评价。涉及的内容很庞大很复杂，那么我们作为教育学学科评价指标体系的构建，回到最基本的、最初的思考，就还是要考虑特色的问题，要基于地区、文化、学生群体这些个出发点。"

首先，依据教育部《普通高等学校本科教学工作水平评估指标体系》等文件指导，制定了专业、课程、教研室、实验室4个专项评估和教学单位教学工作质量考核体系，每年对教学工作质量进行考核。自我评估机制对教学质量的保障与提高起到了强化监督、规范管理的作用，引导各教学单位注重量化管理、科学管理，建立有效的自我约束机制，有力地促进了教学内涵建设。其次，依据检查制度实施的期初、期中、期末教学检查，形成了三段式教学检查模式，规范教学秩序，对教学质量进行评价。最后，将课堂教学质量评价机制建立在专家评教、同行评教和学生评教的基础上，形成了"全面监控、全程监控、全员监控"的教学质量监控体系。

一系列质量监控评估指标体系的建设，能够巩固人才培养的核心地位，强化全员的质量意识，不仅提升了教师的教学能力和水平，还能够激发学生学习的积极性和主动性。尽管学校高度重视考核评价体系建设，但是在实际工作中仍存在不足。根据对A、B、C、D四所大学评价实践的调查研究，笔者了解到，学校注重达到教学工作量的要求，对教学质量的要求不够明确。现行职称评审条件更加注重科研业绩的要求，教师没有全身心投入教学工作，相比教学业绩，科研业绩成果更易于量化，部分教师为了晋升职称，将更多的精力放在科研上，最终形成了"重科研轻教学"的现象。学校绩效工资分配结构上的缺陷使得教师追求授课课时数，忽视了教学质量。这些问题都需要学校在后续发展和管理过程中继续不断优化相应的评价标准和机制建设，从而营造良好的评价氛围，实现"以评促建，以评促发展"。

综上所述，在教育学学科发展建设过程中，必须高度重视教育评价的重要地位，加强对教育评价的研究，建立健全相应的评价机制，正确发挥教育评价对于推动学校教育教学、人才培养的积极作用。在"双一流"建设的时代背景下，教育学学科要科学合理规划，需要完善相应的评价体系，构建教育学学科健康发展模式。

第三章　教育学学科知识体系建设

　　学科知识体系建设主要是在学科建设的过程中，对人才培养、课程建设、教材建设的要求。它不仅直接影响着高校人才培养的质量和水平，而且也是高校办学目标能否顺利实现的基本保证。改革开放 40 多年以来，中国高等教育人才培养经历了从恢复调整与初步发展、稳步发展、全面快速发展到目前的大发展、大调整、大变革四个时期，既是高等教育不断适应社会变化发展要求的体现，也反映着国家对于高等教育人才培养的不断关注①。经过 40 年的发展建设，我国教育学学科的人才培养为民族地区提供了人才和智力的坚实保障和支撑，为民族地区的发展建设作出了重要贡献。为了适应时代的发展变化，"双一流"建设的人才培养提出了新的要求，着眼教育学学科的人才培养，本章主要从学科的人才培养、课程建设、教材建设这三个方面入手，探讨教育学学科知识体系建设的路径。

---

　　① 苏德，张静. 改革开放 40 年中国高等教育人才培养的发展历程及成就 [J]. 广西师范学院学报（哲学社会科学版），2018，39（6）：7-17.

第一节 教育学学科的人才培养

专业是人才培养的基本单元，学科是专业发展的基础，学科专业是对知识体系的分类，从高等院校学科知识体系建设角度论及的学科专业制度是管理层面的专业设置和布局管理。高等院校的专业是指根据学术门类划分而成的课程组合，专业教育就是指导学生完成课程组合，从而使学生具备能够满足社会职业要求的知识和能力。高等学校的人才培养，就其内容而言，也可称为"专业教育"①。作为培养从事教育教学研究与实践工作相关人才的科学，教育学学科专业建设是为顺利实现教育专业人才培养，满足社会发展需求，促进学科建设和发展的活动，是关于教育学的现象、规律及方法论的学科建设。民族教育学学科专业建设既充分体现着与普通高等院校相同的规律与要求，又具有为适应地区的经济社会发展与人才培养特殊性的特点。本节主要从专业培养目标与设置、人才培养方案与要求两个方面，分析教育学学科人才培养的情况。

一、专业培养目标与设置

高等院校的专业培养目标体现了具体的教育目的，是专业建设的蓝图，也是学校教育教学工作的根本出发点和落脚点，其制定过程适应了社会发展要求，结合本地区、本校的实际情况，充分考虑学生知识背景等特点。为了保证专业建设各项工作有序开展，避免学校各类教育教学资源的浪费，专业培养目标的制定在一定时期内具有相对的稳定性，不能随意更改。专业设置是指高等学校依据经济社会发展需求、学校自身办学实际以及专业发展现实状况和发展前景等，设立、调整、撤销专业的管理行为②。专

---

① 潘懋元，王伟廉. 高等教育学 [M]. 福州：福建教育出版社，2013：107.
② 李进才. 高等教育教学评估词语释义 [M]. 武汉：武汉大学出版社，2016：136.

业设置的实施依据是专业培养目标。专业培养目标除了考虑专业自身特点以外，还具有明确的针对性来体现适应地区经济社会发展的特点。同样，专业设置既考虑了科学知识发展的特点，又遵照一定的经济社会的发展实际，同时结合少数的实际[①]。依据我国专业学位授予的相关规定，在专业培养目标与设置方面，可以分为本科阶段和研究生阶段进行研究。

（一）本科教育阶段

随着高校不断扩招，我国高等教育已经进入大众化阶段，从近年来高校招生的人数统计来看，高校扩招主要体现在对招收本科生数量的增加上。在地区，本科阶段的教育是人才培养的主要阵地。关于高等教育文科类本科专业培养目标的表述，随着国家经济社会发展的变化也作出了适当调整。20世纪50年代关于人才培养目标的表述是培养"从事研究或教学工作的专门人才"，20世纪60年代修改为培养"教学、研究人才及其他工作者"，20世纪80年代则强调培养"实际工作者"，一般表述为培养"从事实际工作和教学、研究工作的高级专门人才"[②]。人才培养目标在表述上的变化，既是人才培养对经济社会发展变化所作的及时调整，也反映着国家和社会特定时期对人才培养的要求，并直接影响着专业培养目标的制定与设置。

在本科专业设置方面，通过对 A、B、C、D 四所大学教育学院相关文件资料的整理，制作了表 3-1。

表 3-1　四所大学教育学院本科专业设置

学校	专业						
A 大学教育学院	教育学						
B 大学教育学院	教育学	应用心理学	教育技术学				

[①] 曲木铁西. 试论少数的学科建设和专业建设 [J]. 教育研究，2007（1）：30-36.

[②] 杨泉明. 中国高等教育改革发展研究 [M]. 北京：中国人民大学出版社，2009：53.

学校	专业						
C大学教育学院	教育学	学前教育	教育技术学	公共事业管理	小学教育	特殊教育	数字媒体技术
D大学教育科学学院	心理学	学前教育	小学教育				

A大学教育学院前身是20世纪50年代末期成立的教育学教研室,1991年由高教研究室和校编辑部及教育学心理教研室合并成立了教育研究所。在访谈中,A大学教育学院原书记说:"本科阶段的专业培养目标与设置,作为来讲,首先得是培养教育学专业的人才,实际上是立足于教育学,在这个基础上能胜任教育相关工作。像我们就是1996年招了第一届本科生,当时还是教育研究所呢,招的教育管理专业。1999年开始变成教育学专业,2000年成立单独的教育系,系所合一。2003年成立教育学院。"

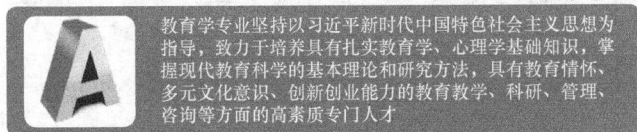

教育学专业坚持以习近平新时代中国特色社会主义思想为指导,致力于培养具有扎实教育学、心理学基础知识,掌握现代教育科学的基本理论和研究方法,具有教育情怀、多元文化意识、创新创业能力的教育教学、科研、管理、咨询等方面的高素质专门人才

图3-1 A大学教育学本科专业人才培养目标

B大学教育学院前身是1986年设置的高等教育研究室,1989年成立教育管理系,2015年成立教育学院。在三个本科专业中,教育学和应用心理学专业入选该省的卓越教师协同育人计划,体现了教育学本科专业发展的高水平。

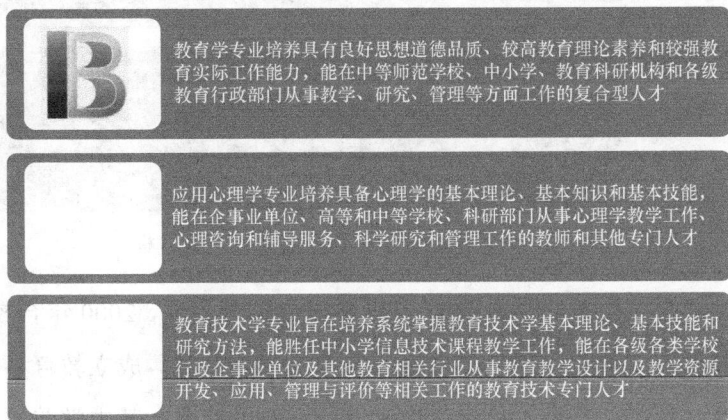

教育学专业培养具有良好思想道德品质、较高教育理论素养和较强教育实际工作能力,能在中等师范学校、中小学、教育科研机构和各级教育行政部门从事教学、研究、管理等方面工作的复合型人才

应用心理学专业培养具备心理学的基本理论、基本知识和基本技能,能在企事业单位、高等和中等学校、科研部门从事心理学教学工作、心理咨询和辅导服务、科学研究和管理工作的教师和其他专门人才

教育技术学专业旨在培养系统掌握教育技术学基本理论、基本技能和研究方法,能胜任中小学信息技术课程教学工作,能在各级各类学校行政企事业单位及其他教育相关行业从事教育教学设计以及教学资源开发、应用、管理与评价等相关工作的教育技术专门人才

图3-2 B大学教育学本科专业人才培养目标

C 大学教育学学科可以追溯到 1952 年建校时成立的教育心理教研室。教育科学学院的前身是始建于 1960 年的教育系，1962 年停办，1981 年恢复重建。2003 年更名为教育科学学院，是该自治区成立的第一个教育学、心理学专业人才培养的专业院系，也是该自治区历史上第一个教育学、心理学研究中心，发展历史悠久，特色鲜明。目前的教育学院是 2018 年由教育科学学院的教育学科部分、教育信息技术学院、基础教育学院等合并组建而成。教育学院现有七个本科专业，其中，教育学、学前教育、教育技术学、公共事业管理专业是该自治区的品牌专业。

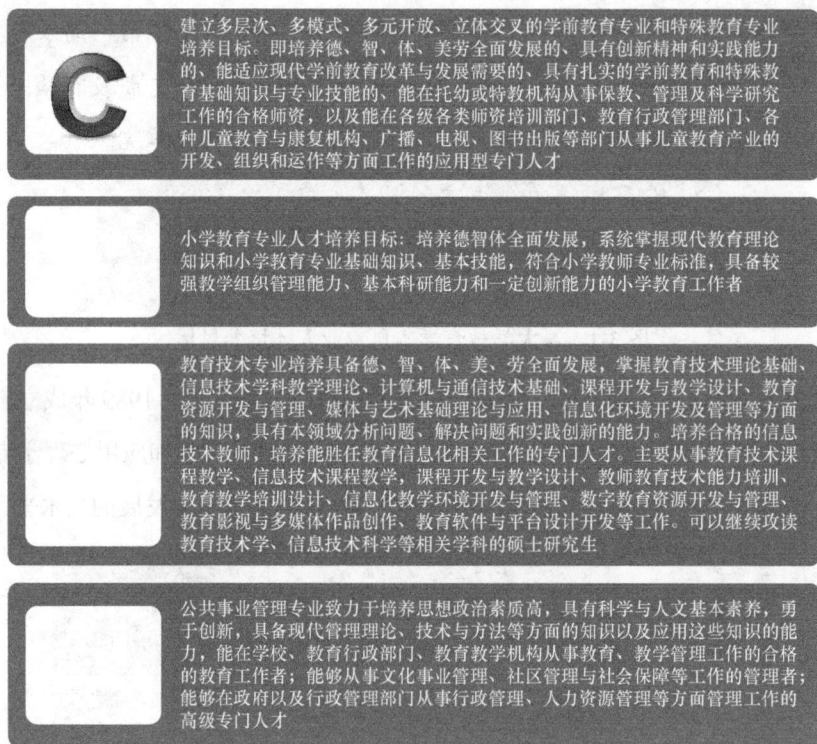

C 建立多层次、多模式、多元开放、立体交叉的学前教育专业和特殊教育专业培养目标。即培养德、智、体、美劳全面发展的、具有创新精神和实践能力的、能适应现代学前教育改革与发展需要的、具有扎实的学前教育和特殊教育基础知识与专业技能的、能在托幼或特教机构从事保教、管理及科学研究工作的合格师资，以及能在各级各类师资培训部门、教育行政管理部门、各种儿童教育与康复机构、广播、电视、图书出版等部门从事儿童教育产业的开发、组织和运作等方面工作的应用型专门人才

小学教育专业人才培养目标：培养德智体全面发展，系统掌握现代教育理论知识和小学教育专业基础知识、基本技能，符合小学教师专业标准，具备较强教学组织管理能力、基本科研能力和一定创新能力的小学教育工作者

教育技术专业培养具备德、智、体、美、劳全面发展，掌握教育技术理论基础、信息技术学科教学理论、计算机与通信技术基础、课程开发与教学设计、教育资源开发与管理、媒体与艺术基础理论与应用、信息化环境开发与管理等方面的知识，具有本领域分析问题、解决问题和实践创新的能力。培养合格的信息技术教师，培养能胜任教育信息化相关工作的专门人才。主要从事教育技术课程教学、信息技术课程教学、课程开发与教学设计、教师教育技术能力培训、教育教学培训设计、信息化教学环境开发与管理、数字教育资源开发与管理、教育影视与多媒体作品创作、教育软件与平台设计开发等工作。可以继续攻读教育技术学、信息技术科学等相关学科的硕士研究生

公共事业管理专业致力于培养思想政治素质高，具有科学与人文基本素养，勇于创新，具备现代管理理论、技术与方法等方面的知识以及应用这些知识的能力，能在学校、教育行政部门、教育教学机构从事教育、教学管理工作的合格的教育工作者；能够从事文化事业管理、社区管理与社会保障等工作的管理者；能够在政府以及行政管理部门从事行政管理、人力资源管理等方面管理工作的高级专门人才

图 3-3　C 大学教育学本科专业人才培养目标

D 大学教育科学学院始创于 1998 年建立的教育系，2000 年合校以后，教育系并入人文学院，2003 年教育系从人文学院分离，成立教育科学学院发展至今。目前，三个本科专业均实现民汉双语授课，其中学前教育、小

学教育专业分设汉语授课班级和民族语授课班级，心理学专业分设民族语授课和预科汉语授课两个班级，具有鲜明的特色。

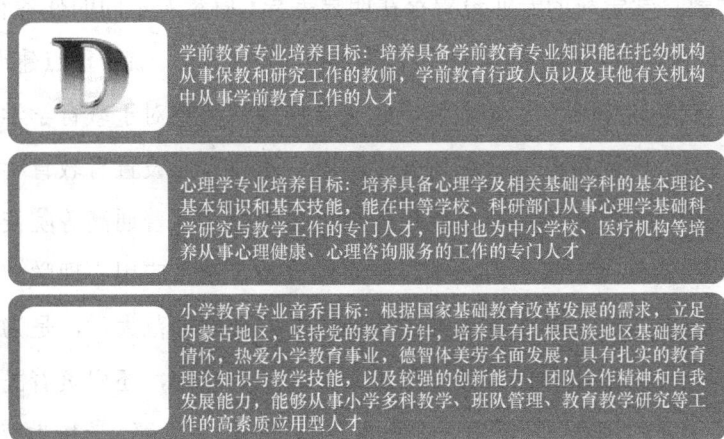

图 3-4　D 大学教育学本科专业人才培养目标

通过对 A、B、C、D 四所大学本科阶段专业建设目标相关文件资料的整理，笔者了解到，四所大学的教育学学科专业建设目标虽各具特色，但总体上都是以适应国家和地方经济社会发展需求为导向，遵循为地区培养合格的社会主义建设者和接班人的原则，树立坚定的理想信念和高尚的爱国主义情怀，培养拥有扎实专业知识和创新能力的应用型人才。在"双一流"建设目标的总体思想指导下，为适应国家战略需求，针对的具体情况而制定的教育学学科专业培养目标，充分体现了面向学生以及地区的教育发展定位。

位于西北地区的 C、D 两所大学教育学学科专业培养目标还特别提出了注重对从事基础教育学科教学、教学资源开发应用能力培养的要求，需要培养能够胜任民族地区基础教育教学和管理工作的专门人才，并乐于服务地区。尤其是民族语授课与汉语授课共同发展的专业设置具有鲜明的特色。对此类人才的专业培养目标还体现在要具备优良的职业品格、深厚的教育理论素养和较强的教育实践能力，能够引领和参与地区基础教育改革发展的初等教育。为每个专业制定具体的培养目标有利于培养工作的细化，更具有针对性。

总体来讲，受学校总体办学目标及专业建设目标的影响，加之地域因素，不同教育学学科的专业设置存在明显差异，肩负着不同的任务和使命。A 大学教育学学科是国家"211 工程""985 工程""双一流"重点建设学科，在同类高校学科中处于领先地位，起引导作用，侧重对于教育学学科高端人才的培养，建设重心主要在研究生阶段，本科专业设置有教育学一个专业。B 大学作为直属于国家民族事务委员会的综合性普通高等院校，教育学学科是该省重点一级学科，本科专业设置教育学、应用心理学、教育技术学三个专业。C 大学作为地处民族地区的综合性师范大学，是为地区培养从事基础教育工作和提供教育师资人才的重要基地，还肩负着民族语和汉语兼通人才的培养，是该地区中小学教师培养的主力军。该校教育学院设置教育学、学前教育、教育技术学、公共事业管理、小学教育、特殊教育、数字媒体技术七个本科专业，并同样采用了民汉双语授课模式，具有鲜明的民族色彩。D 大学地处我国民族地区，教育学学科立足地区基础教育领域，注重对应用型人才的培养，设置了心理学、学前教育、小学教育三个本科专业。其中，民族语授课和汉语授课两个班级以及预科班的设置充分体现了在授课上与其他普通高校的区别。对于掌握民族语言的学生来说，对授课语言的区别对待使学生在学习的过程中能够对知识的理解和应用更加顺畅。同时，也有利于传承和保留民族语言，保持民族多样性和文化多样性，对于增强在教育学学科上的竞争力和影响力也有着重要的作用和意义。

通过对四所大学教育学学科本科阶段专业设置进行比较可以发现，A 大学教育学学科本科专业设置重心在高端人才的培养，更加注重理论研究能力。B 大学在强调理论研究能力的同时，适当提出了实践能力的要求，加入了教育技术培养的专业。相比之下，C、D 两所大学教育学学科本科阶段的专业设置更加注重对应用型人才的培养，基于地处地区的原因，两所大学面向地区基础教育事业的专业培养目标决定了其对于具体的教育教学技能培养专业设置的要求。四所大学因专业培养目标不同而设置了不同侧重的专业，是结合自身和地域实际的专业设置。

（二）研究生教育阶段

目前我国研究生阶段的专业培养目标与设置分为硕士研究生和博士研究生两个阶段进行研究。硕士研究生又根据学位授权级别的差异以及教育硕士专业学位之分制定有不同的培养目标。1981 年，《中华人民共和国学位条例暂行实施办法》中明确规定了我国研究生学位授予要求及管理办法，包括课程考试、毕业论文审核等，在达到相应学术水平的要求后方可获得由国务院授权，高等学校和科研机构授予的研究生学位，为我国研究生教育发展指明了方向。1996 年，为适应社会发展需求，进一步完善和规范研究生教育，满足更多人对研究生教育的需求，国家颁布了《关于设置和试办教育硕士专业学位的报告》，为教育学学科硕士研究生的培养提供了更加广阔的平台。该学位的设置与教育学硕士在学位上处于同一层次，拥有学科教学和教育管理两个培养方向，是在教育学学科建设方面，对促进我国教师队伍的发展成长，从而更加全面地服务于教育教学实践与管理工作具有重要意义。

在研究生阶段的专业设置方面，通过对 A、B、C、D 四所大学教育学院相关文件资料的整理制作了表 3-2。

表 3-2　四所大学教育学院研究生专业设置

学校	教育学硕士	教育硕士
A 大学教育学院	教育学原理	教育管理
	课程与教学论	学科教学（语文）
	比较教育学	学科教学（音乐）
	高等教育学	心理健康教育
	教育学	学科教学（数学、物理、体育、
	中国艺术	英语、教育技术等
B 大学教育学院	教育经济与管理	小学教育
	教育学原理	心理健康教育
	课程与教学论	教育管理

续表

学校	教育学硕士	教育硕士
B 大学教育学院	比较教育学	学科教学（体育）等
	高等教育学	
C 大学教育学院	教育学原理	现代教育技术
	课程与教学论	小学教育
	学前教育学	学前教育
	少年儿童组织与思想意识教育	
	教育技术学	
	教育经济与管理	
D 大学教育科学学院	教育学原理	教育管理
	课程与教学论	
	高等教育学	

从表中可看出，四所大学教育学院硕士研究生阶段的专业设置大体相似，所设专业虽有差别但总体发展较为均衡。教育学硕士的培养力度比较大，涉及的专业和领域比较广。

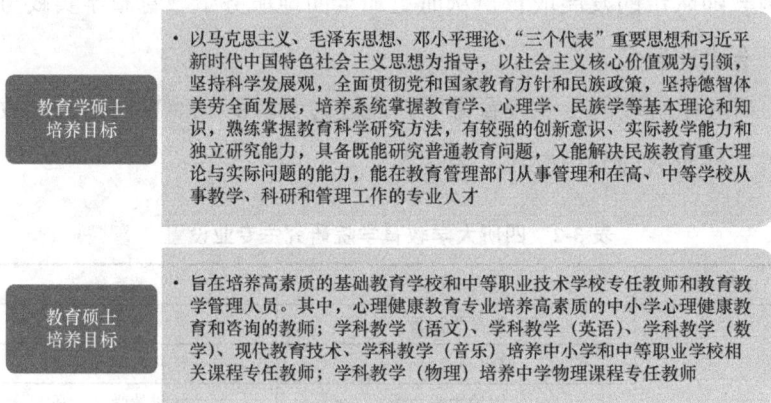

教育学硕士培养目标	· 以马克思主义、毛泽东思想、邓小平理论、"三个代表"重要思想和习近平新时代中国特色社会主义思想为指导，以社会主义核心价值观为引领，坚持科学发展观，全面贯彻党和国家教育方针和民族政策，坚持德智体美劳全面发展，培养系统掌握教育学、心理学、民族学等基本理论和知识，熟练掌握教育科学研究方法，有较强的创新意识、实际教学能力和独立研究能力，具备既能研究普通教育问题，又能解决民族教育重大理论与实际问题的能力，能在教育管理部门从事管理和在高、中等学校从事教学、科研和管理工作的专业人才
教育硕士培养目标	· 旨在培养高素质的基础教育学校和中等职业技术学校专任教师和教育教学管理人员。其中，心理健康教育专业培养高素质的中小学心理健康教育和咨询的教师；学科教学（语文）、学科教学（英语）、学科教学（数学）、现代教育技术、学科教学（音乐）培养中小学和中等职业学校相关课程专任教师；学科教学（物理）培养中学物理课程专任教师

图 3-5　A 大学教育学硕士研究生阶段专业培养目标

通过对 A 大学教育学学科专业硕士研究生阶段培养目标相关文献的整理可以了解到，研究生阶段教育学硕士学位专业培养目标旨在面向地区培养能在教育管理部门和高、中等学校从事教学、科研和管理工作的人才，要在具备基本理论知识和研究能力的基础上，拥有创新意识，能够解决教育发展中的实际问题。而教育硕士的专业培养目标更多的是面向基础教育学校和中等职业技术学校的教育教学管理，培养中小学和中等职业学校相关课程的专任教师。与本科阶段一样，各所大学教育学学科的人才培养目标都根据自身发展实际，制定了不同专业的具体培养目标，虽然各具特色、略有不同，但总体来讲能够满足面向地区教育事业发展的培养需求。研究生阶段的培养目标，以 C 大学教育学院为例，课程与教学论专业硕士研究生的培养目标是培养具有宽厚的人文科学基础知识、扎实的教育学学科专业知识、较高科研能力和素养的科学研究人员、高等师范院校相关专业的教师、中等学校的教学与科研骨干以及其他教育教学的管理人员。要做到能够承担教育学、教学论、课程论、教育教学论、基础教育教学论、高等学校学科教育学等课程的教学工作、科研工作和教育管理工作。

由此可见，相比于教育学硕士和博士注重研究和管理能力方面的培养，教育硕士更倾向于从事基础教学工作能力的塑造，主要服务于教育教学实践工作。

博士研究生的专业培养目标则是能够全面了解本专业国内外重大科研成果和未来发展趋势，运用跨学科的综合性研究方法对重大的教育理论问题和实践问题进行分析，培养具备从事专业研究、教学、管理能力的人才。目前，A、B 两所大学的教育学院拥有博士研究生的专业培养资格。在专业设置方面，A 大学教育学院的中国教育是一级学科为民族学的博士学位授权二级学科点；B 大学教育学院是教育二级学科博士学位授权点。C、D 两所大学教育学学科仍在积极建设争取博士研究生学位授权资格。

A 大学教育学院博士研究生培养目标细化分为政治目标、业务目标以及就业目标。在业务目标中不仅提出了教育理论相关知识的掌握，还强调了民族理论的学习，体现了教育学学科立足教育学，面向地区的建设方针。不仅如此，在博士研究生阶段强调对教育重大理论问题和实践的研究，体现了充分发挥博士研究生学习和科研的主动性和自觉性的要求，着重培养学生发挥主体作用的能力。

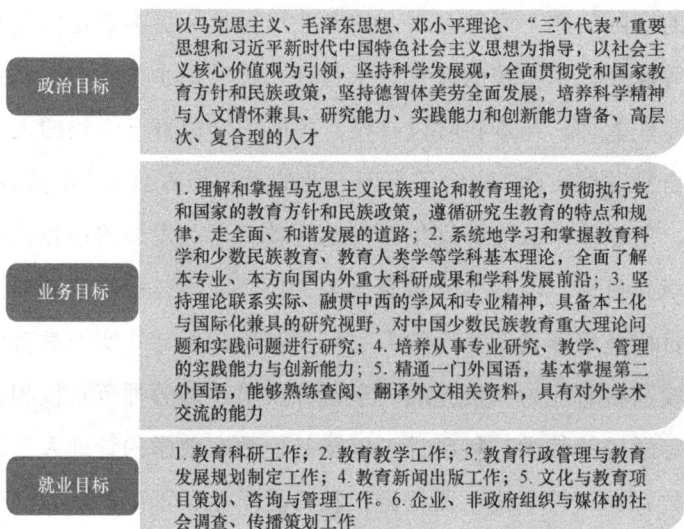

政治目标	以马克思主义、毛泽东思想、邓小平理论、"三个代表"重要思想和习近平新时代中国特色社会主义思想为指导，以社会主义核心价值观为引领，坚持科学发展观，全面贯彻党和国家教育方针和民族政策，坚持德智体美劳全面发展，培养科学精神与人文情怀兼具、研究能力、实践能力和创新能力皆备、高层次、复合型的人才
业务目标	1. 理解和掌握马克思主义民族理论和教育理论，贯彻执行党和国家的教育方针和民族政策，遵循研究生教育的特点和规律，走全面、和谐发展的道路；2. 系统地学习和掌握教育科学和少数民族教育、教育人类学等学科基本理论，全面了解本专业、本方向国内外重大科研成果和学科发展前沿；3. 坚持理论联系实际、融贯中西的学风和专业精神，具备本土化与国际化兼具的研究视野，对中国少数民族教育重大理论问题和实践问题进行研究；4. 培养从事专业研究、教学、管理的实践能力与创新能力；5. 精通一门外国语，基本掌握第二外国语，能够熟练查阅、翻译外文相关资料，具有对外学术交流的能力
就业目标	1. 教育科研工作；2. 教育教学工作；3. 教育行政管理与教育发展规划制定工作；4. 教育新闻出版工作；5. 文化与教育项目策划、咨询与管理工作。6. 企业、非政府组织与媒体的社会调查、传播策划工作

图 3-6 A 大学教育学博士研究生培养目标

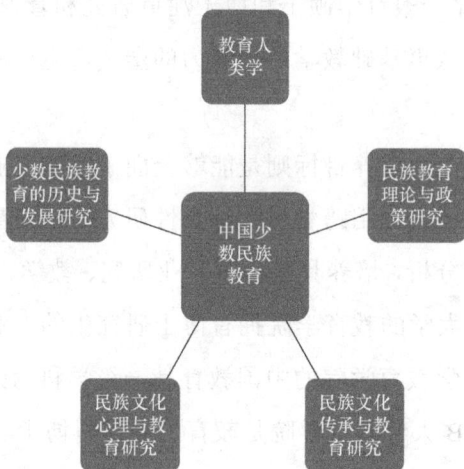

图 3-7 A 大学教育学博士研究方向设置

二、人才培养方案与要求

专业人才培养方案是学校办学定位和专业特色最为直接的体现，是所培养人才"知识、素质、能力"目标的综合反映，是专业建设的核心环节①。同时，也是教育教学工作开展的重要标准和参考依据。专业人才培养方案不仅包括一定时期内的人才培养目标和要求，还包括围绕人才培养目标展开的课程内容设置、课程性质、教学时数分配等方面。人才培养方案与要求是为了完成培养目标而制定的具体实施方法与行为准则。不仅是关系到人才培养顺利进行的最基本环节，而且是人才培养质量的重要保证。专业是高等院校人才培养的基本单位，专业培养需要面对不同的专门化领域制定具体的培养目标。通常情况下，某一学科的人才培养方案与要求都是在学校总体人才培养方案的指导下，结合本学科发展的实际情况制定的。

（一）本科教育阶段

20 世纪 80 年代，为制定更加高效的、符合社会发展需求的人才培养方案，避免教育资源浪费，教育部开始对专业设置进行调整。1998 年修订后的《普通高等学校本科专业目录》增加了管理学学科，自此，学科门类确定为 11 个，249 种专业种类。根据人才培养目标的要求，我国本科阶段的人才培养要符合《中华人民共和国高等教育法》的要求，系统掌握本学科的基础理论知识和专门知识，掌握本专业的基本技能，具有从事本专业相关工作和研究的基本能力。

根据对 A、B、C、D 四所大学教育学学科人才培养方案的整理发现，教育学学科的人才培养方案都是在学校总体培养方案的指导下，将四年全日制学习分为通识教育、专业教育和实践教育三个部分。其中，A、B、D 三所通识教育的培养方案与要求基本相同，分别是 18 学分的思想政治教育，包括外国语言、体育、计算机和心理健康在内的 19 学分的基本素养教育。C 大学作为我国地区的师范类院校，其通识教育部分的培养方案有所不同。46 学分的通识教育分别由 28 学分的公共必修课程和 18 学分的通

---

① 孔繁敏. 建设应用型大学之路［M］. 北京：北京大学出版社，2006：94.

识选修课组成，占总学分的35%，并为学生提供了通识选修课程的网络学习形式。各所教育学学科专业教育和实践教育方案的具体教学计划各有不同，但基本都是从专业核心课程、专业选修课程和专业实践课程几个方面提出的要求。实践教学环节贯穿于通识教育和专业教育课程安排中，包括实验、实习、第二课堂、学年论文以及毕业论文（设计）等方面。课程的设置与安排满足了学生的教育需求，促进了学生专业素质、综合能力和实践能力的提升。在"双一流"建设的新要求下，各教育学学科更加注重对实践创新能力的培养，为了给学生提供更加自由的学习空间和实践机会，充分调动学生在学习过程中的主动性和积极性，在保证理论教学要求的基础上，都增加了实践课程和实践环节的比例，对学生进行社会实践训练。为凸显自身特点，几所都着重强调了民族理论、民族政策与教育学学科之间的密切联系，并融入到了专业课程安排之中。

从关于学校制定的人才培养方案是否符合学生群体家乡教育事业发展需求的情况问卷可以看出，超过三分之二的学生持肯定的态度。

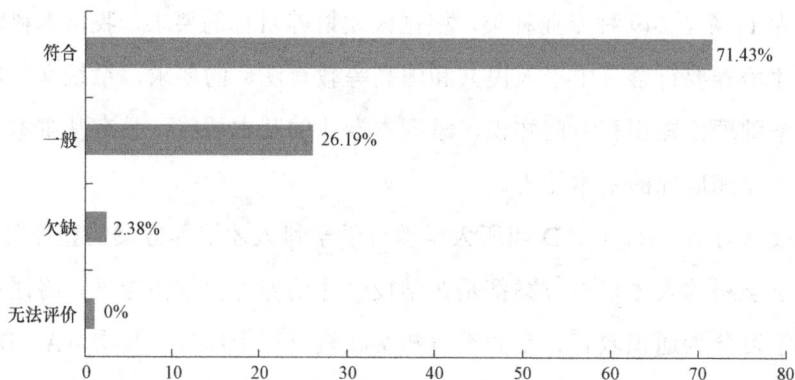

图 3-8 人才培养方案与地区教育事业发展适切性情况

在访谈中，A大学教育学院的一位教授指出："我们教育学学科培养的人才实际上是立足教育学，培养的人才是能从事普通教育学的相关工作，同时更能胜任涉及教育的相关工作。它和我们其他的普通教育学还是不一样的，因为它具有文化的视角、民族心理的、民族文化特点的角度，来审视教育问题，处理教育问题。比如说学生可能会有一些独特的认知方式，我们在教育学当中可能会涉及要注意传承民族文化，或者说民族文化是成为我们的课程资源进行课程开发，我们的学生就可以做这样的一些工作，这是我们的培养目标，当然它首先是教育学专业的人才，在这个基础上能胜任教育相关工作。因为人才培养目标是一个'大法'，当然我们还有政治思想、意识这些，就说从人才的这种规格，当然也要热爱教育事业，遵循党的教育方针，热爱文化，主要要有民族文化平等意识。所以做培养方案首先你要研究国家的要求、社会的需求、受教育者的需求，当然这个需求不仅仅是短暂的，还有未来长远的，因为人才培养是需要时间的，那么定了这样的需求，地区的社会需求，国家教育发展的社会需求，然后我们才定我们的人才培养目标，定下来以后我们用什么样的培养方案来达成它，就涉及课程体系的问题了。"

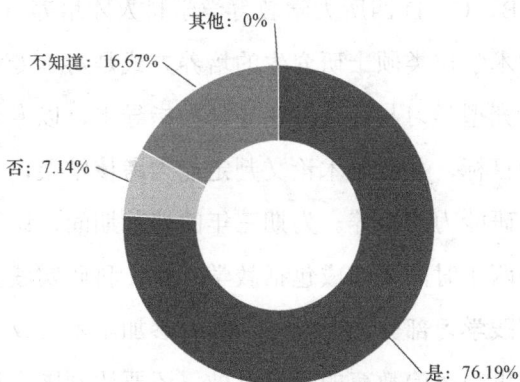

图3-9　教育学专业毕业生计划从事教育工作情况

通过问卷调查，笔者了解到，超过三分之二的学生表示毕业后有回到家乡从事教育领域相关工作的想法。因此，教育学学科的人才培养方案与要求要依据党和国家的教育方针政策，结合地区的发展规划，立足当地经济社会发展对人才的特殊需求，在与普通高等院校相同的教育思想指导下，合理地安排教学内容与管理制度。为不断适应经济社会发展变化及用人单位对人才需求的变化和调整，教育学学科专业人才培养方案与要求要定期修改调整，培养应用型、复合型人才。通过制订教育计划、教学大纲等具体的文件，指导和确保人才培养的顺利进行。

（二）研究生教育阶段

培养过程是实现培养目标和规格的具体实施环节，它根据不同的培养目标而设计。培养目标和规格的侧重点不同，培养过程设计的侧重点也就不同[①]。我国硕士研究生培养分为学术学位类和专业学位类两种，为了突出学生科研能力的培养、促进理论与实践相结合，培养过程主要由课程阶段和论文阶段组成。不同的学位设置，意味着二者在课程阶段和论文阶段的要求各不相同。按照国家规定，学术学位类的硕士研究生以全日制形式攻读，学制一般为三年。全日制专业学位类的硕士研究生一般规定学制为两年。

通过对 A、B、C、D 四所大学教育学学科人才培养方案的整理分析，笔者了解到，学术学位类硕士研究生的培养方式是对本专业基础理论和重要研究问题的研究型学习与讨论，在导师的指导下，以专业知识和科学研究能力的提升为目标，并以学术论文判定能力考核结果，主要特点是以研究为主，强调科研能力的培养。为期三年的培养期间，课程学习时间通常是一年，剩下的两年时间要完成包括教学实践、科研实践、学术活动、社会调查在内的实践学习部分，在学习期间有参加学术会议的要求。在具体培养环节，除了思想政治教育的学习以外，还要达到国家计算机应用能力考核要求。专业培养要求完成并提交个人培养计划、开题报告、中期考核、学术活动以及科研训练的论文、教学实践和社会实践工作调查、学位论文。相比学术学位类硕士研究生，专业学位类硕士研究生的培养方式更加注重理论与实践的结合，强调应用型人才的培养。培养形式也偏重实践与反思，由导师和实践教学部门共同完成，能力考核方式采取学院和实习实践机构

---

① 刘鸿. 我国研究生培养模式研究 [M]. 青岛：中国海洋大学出版社，2007：14.

共同考核。此类专业培养方式结合了课堂参与、小组研讨、案例教学、合作学习、模拟教学等方式，与实践机构建立长期稳定的合作关系，为学生提供了教育实践基地。不仅如此，以 D 大学为例，教育科学学院还聘任中小学教师担任指导教师，通过双导师制，为学生的教育教学实践和论文撰写提供实际的经验教学和指导，非常具有借鉴意义。

根据对 A、B 两所拥有博士研究生培养资格的教育学学科人才培养方案的研究发现，我国博士研究生基本学制为 3 年，不同学校对最长修业年限有不同的要求，对于到期未能达到博士研究生毕业要求的学生进行清理。博士研究生攻读学位期间，须完成公共必修课、专业必修课、专业选修课、科研活动和学术交流的学分。在培养方式上，采取课堂学习、研究讨论及自学相结合的方式，注重理论与实践相结合的研究方法。博士阶段的培养方案注重学生学习和科研的自主性和自觉性，鼓励学生发挥主体作用，主动参与学习研究。对学校的要求是为学生创造尽可能多的条件参加学术讲座、学术报告会、研讨会、课题研究及社会实践，努力加强博士研究生科研能力与管理能力的培养和训练。

第二节 教育学学科课程建设

构成学科的元素是知识单元，而构成专业的元素是课程。课程是指学校按照一定的教育目的所建构的各学科和各种教育、教学活动的系统[①]。如果专业是根据社会所需人才的培养要求进行的分类，那么课程则是以教学实践为出发点，对具体教学内容进行的规划设计。课程建设是指高等学校根据人才培养目标要求和学生成才的需求，有规划、有标准、有措施、有成效地建构课程和课程体系的常规工作。课程建设是保证和提高教学质

---

① 潘懋元，王伟廉. 高等教育学 [M]. 福州：福建教育出版社，2013：107.

量最重要的基础性建设，是学科专业建设的基础，是深化教学改革的关键，对于建构学生合理的知识结构、能力结构和培养学生的创新精神具有十分重要的意义①。在学科建设的过程中，如果忽视了课程建设这一重要环节，必然会影响到教学工作的有序开展、人才培养的质量和学科建设整体水平的提升。从国内外高校学科建设的经验来看，学校普遍重视课程资源的建设和开发，尤其是学科优质课程、精品课程的建设，并以此为抓手，引领学科整体快速、科学发展。本节主要通过课程目标与设置、课程结构与教学、课程管理与评价三个方面对教育学学科的课程建设进行分析，将人才培养内容通过课程体系框架进行逐一阐述和解析，并借助评价考核机制分析确保教育学学科人才培养质量的方法，做好目标监控、过程监控、内外部监控相结合，探寻营造课程建设体系良好氛围的路径。

一、课程目标与设置

课程从本原的意义来讲就是教学的课业与进程，高等教育的课程就是根据专业的人才培养目标对教育内容进行的组织和管理，是学生在校学习期间所接受的各种教育影响的总和和进程安排②。教育学学科的课程建设在学校人才培养的总体目标指导下，明确了为地区培养从事教育事业的教师和从事教育理论研究工作者的思路，通过系统的课程学习，扎实熟练地掌握教育基本理论、基本知识，为从事教育实践和教育科学研究打下良好的基础。

（一）课程目标

课程目标，即课程本身要实现的具体目标和意图。不同教育阶段、不同课程，课程目标对学生在智力、品德、体质等方面的要求存在着差异性，

---

① 李进才主编. 高等教育教学评估词语释义［M］. 武汉：武汉大学出版社，2016：142.

② 刘小强，彭旭. 理顺关系 打破对应——关于高等教育学科、专业与课程改革的思考［J］. 中国高教研究，2010（3）：30-32.

但不同教育阶段在课程目标上又体现出一定的连续性和阶段性，是确定课程内容、教学目标和方法的前提和基础，也是教师进行课堂教学改革的重要依据、出发点和落脚点，体现着课程编制者的意图，也是对社会需求、学科发展、学生特点综合考虑的体现，具有导向、激励、协调的功能。课程目标是在专业培养目标的指导下制定的，是构成专业培养目标的重要组成部分，也是实现教育目的和培养目的的重要途径。随着社会发展的不断进步和变化，对人才培养的素质要求也在不断变化，因而，与之相应的课程在目标的表述上也有着二分法（基础知识和基本技能）、三分法（基础知识、基本技能、基本能力）、四分法（识记、理解、分析综合、应用）、五分法（德智体美劳）和当下的"三维目标"分类。目前我国新课程改革中盛行的三维课程目标，即知识与技能、过程与方法、情感态度价值观，反映了课程在促进学生全面成长和发展中的重要功能和效用，引导和调控着教师的教学过程和学生的学习过程。

通过对 A、B、C、D 四所大学教育学学科课程建设相关文件资料的整理分析，笔者了解到，四所大学都制定了适合本校发展的课程建设规划、课程管理办法、课程建设标准、课程评估指标体系等一系列文件，明确了课程建设各相关职能部门和处室的职责与任务，为教育学学科课程建设指引了方向。总之，教育学学科课程建设的基本目标是通过学习，使学生对教育理论和教育观念有基本的了解，有利于学生在今后从事教育教学实践时能够更好地发挥教育理论的指导作用。在实践环节，通过在教育实践基地（包括大中小学、幼儿园或其他教育机构）进行定期的教育实践活动，使学生深入一线课堂当中，掌握最新的教育发展形势和教育教学实际，具备从事教育教学实践工作和管理所需要的知识与技能，在将来从事教育工作的过程中能够得心应手，符合用人部门对于毕业生实践操作技能的要求。

具体来说，教育学学科课程的通识教育课程，由思想政治理论课程、素质教育课程和专项教育课程构成，旨在提高学生的综合素质；学科教育课程由学科通选课程和学科核心课程构成，旨在培养学生拥有扎实的学科基础；专业教育课程通过专业主干课程和专业方向课程强化学生的专业基础。这些理论课程的安排既是学生掌握学科知识和综合知识的要求，也体现了学生在理论课程学习中的主动性，满足了学生在课程学习中的不同需求。除了理论课程的学习，为了使学生能够对实际的教育教学工作有更加深刻的理解，学校明确了实践教育课程的建设目标，即通过实验教学、专业实践、创新实践和拓展实践等多种方式和途径提高学生的创新能力。实践课程的目标是巩固理论教学内容，培养学生动手能力，掌握基本技能。专业实践课的课程目标是激发学生对本专业的认识和兴趣，了解学科发展趋势及背景，培养学生的学术研究和科研能力等，提升学生的职业素养、综合能力和社会适应能力。创新实践课的课程目标是提升学生的创新能力、科研能力和就业竞争力。拓展实践课的课程目标是培养学生正确的社会主义核心价值观和道德观，通过课内知识和课外活动的有机结合，提高了学生的综合实践能力，增强了社会责任感。

不仅如此，教育学学科课程建设目标还关注到了学生的思想健康教育，树立了学生的爱国主义情怀和民族团结的观念，实现了培养高素质人才的课程目标。正如 A 大学教育学院的一位教授所强调的："教育学学科培养的人才要关注到学生民族文化心理的培养，要建立起民族文化平等意识。这都是通过课程的方式传达、渗透给学生的，无论是我们开的一门一门课，还是课外实践、第二课堂，等等，包括校园文化建设与隐性课程内容，都要让学生能够感受到各民族团结发展的重要意义。"

D 大学教育科学学院的一位教授也指出："我们在课堂教学中会注意引导学生的民族文化平等意识，这也算是我们教育学学科的一个特色，也是特殊的任务。因为有很多来自地区的学生，有不同的文化背景，我们在课堂上说什么做什么，都得注意要让学生感受到你的态度是公平、平等的。最起码不能因为有些学生是政策倾斜进来的，就有不一样的态度。"

由于 C、D 两所大学地处我国少数民族地区，因此教育学学科课程建设还格外关注对于民族语与汉语双语教学的课程目标，为实现培养民族语与汉语兼通的人才，服务师资的培养，对民族语与汉语双语教学的课程进行了重点建设，这些课程的建设都为教育学学科的人才培养奠定了良好的基础，也创造了新的发展机遇。

（二）课程设置

课程设置是依据专业培养目标和课程目标对教学内容进行的计划与安排。课程顺序、课程学时、课程内容等都是课程设置的主要环节。课程的设置既要考虑到不同学年、不同学段在课程上的区别和联系，使其前后衔接、顺序合理，又要充分考虑到课程知识本身的特点、学生学习的规律以及时代发展的要求，使学生在完成课程学习后能够系统掌握该门课程的知识架构和主要内容，具备一定的实践能力，真正起到促进学生全面发展的作用。根据对 A、B、C、D 四所大学教育学学科课程建设分类的整理，笔者制作了表 3-3。

表 3-3　四所大学教育学学科课程建设分类

大学	分类				
A 大学	教育学课程群	心理学课程群	教育学课程群		
B 大学	通识课程群	大类课程群	卓越类课程群	技术类课程群	民族特色类课程群
C 大学	省级精品课程	校级精品课程			
D 大学	教育基本原理模块	教学论模块	德育论模块		

从表中可以看出，四所大学的教育学学科课程建设的分类各具特色。A 大学将教育学课程建设的体系分为教育学课程群、心理学课程群和教育学课程群。主要课程有教育学原理、教育哲学等 23 门核心课程。其中，教育学、教育人类学、跨文化心理学、教育史、民族文化传承与教育等课程是 A 大学的特色课程。B 大学则从通识课程群、大类课程群、卓越类课程群、技术类课程群和民族特色类课程群的分类角度开展了 20 门课程建设工作，从知识为本转移到能力为本，将理论学习、专业思维训练与实践

能力培养融为一体。C 大学作为师范类院校，其课程建设分类不同于其他三所，教育学学科课程建设主要从精品课程的建设着手，逐步推进教育学学科整体建设和发展。该校教育学学科目前拥有 5 门省（自治区）级精品课程和 15 门校级精品课程。D 大学将教育学学科课程建设分为三个模块，从教育基本原理、教学论、德育论三个角度对学生未来步入工作岗位后的专业理论基础、教育教学实际、知识论方法论基础的能力进行培养。通过对比分析可以了解到，A 大学教育学学科课程建设分类方式更加清晰，特色课程设置更加完善、合理，对其他教育学学科课程建设分类具有指导意义。

根据对四所大学教育学本科专业培养方案的整理，制作了图 3-10～图 3-13。

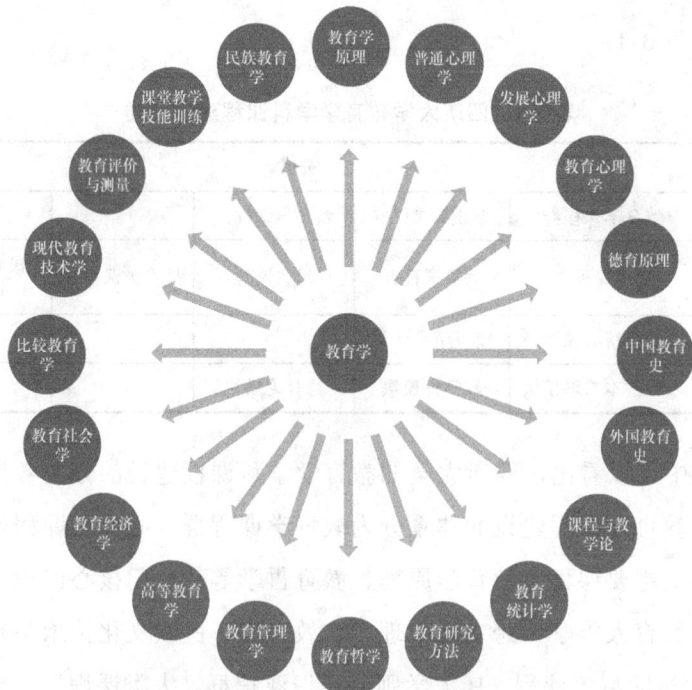

图 3-10　A 大学教育学本科专业核心课程

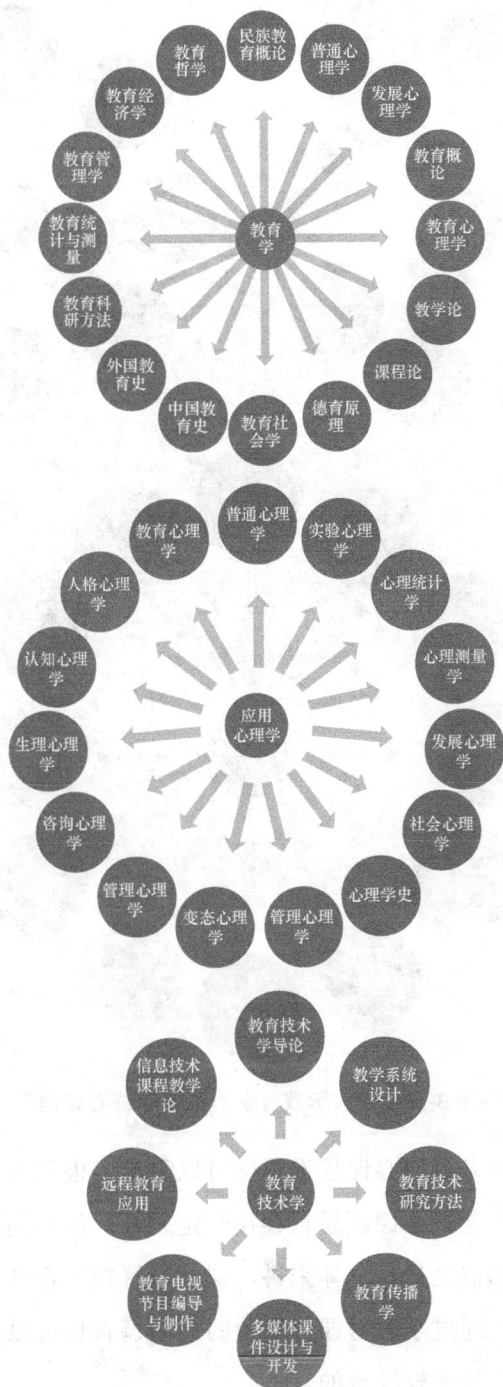

图 3-11 B大学教育学本科专业核心课程

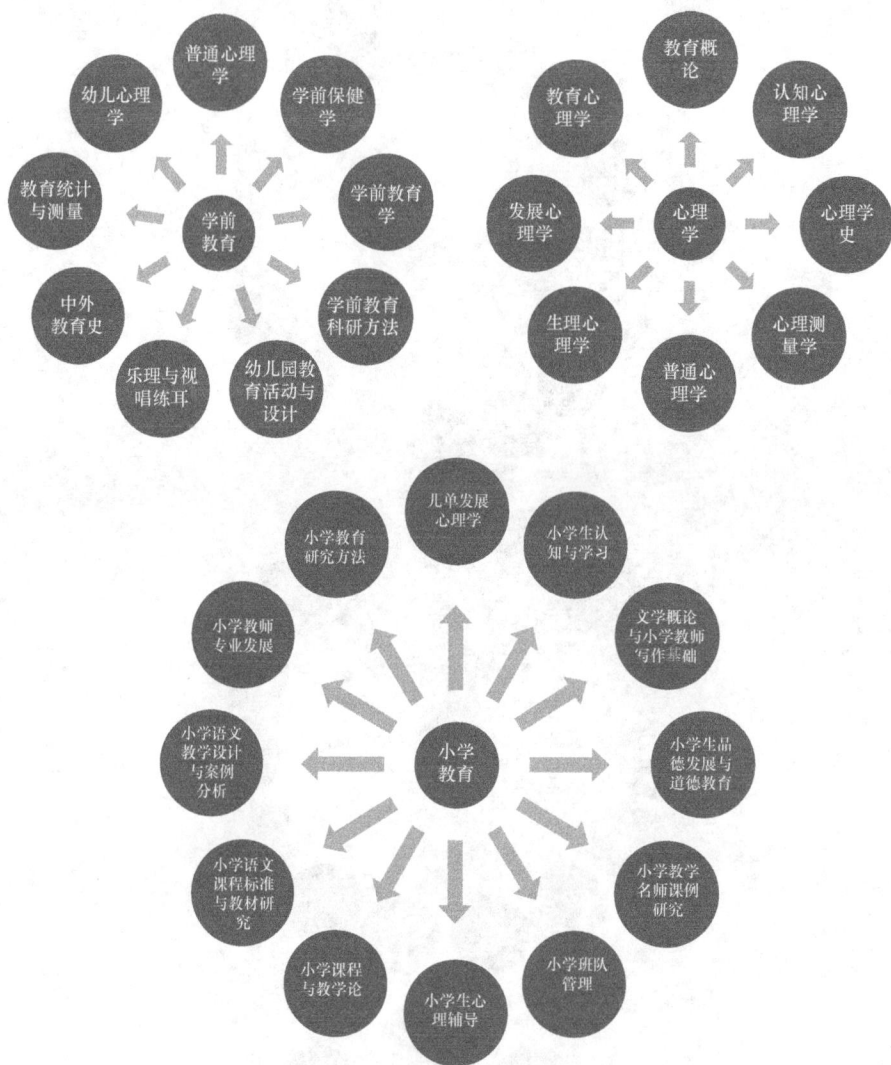

图 3-12 D 大学教育学本科专业核心课程

从教育学本科专业核心课程设置图可以看出，根据专业不同，每所大学的教育学本科专业核心课程设置存在一定差异，但在同类专业的课程设置方面又有很多相似之处。总体来讲，课程设置较为合理，基本能够满足学生的培养需要。通过学生对课程设置的问卷调查也可以看出，大部分学生对于课程的设置是比较满意的。

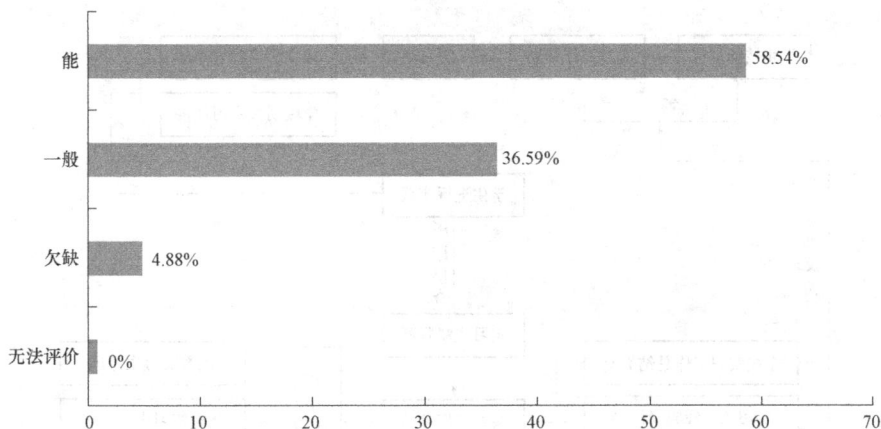

图 3-13　课程设置满足本专业知识与技能要求的学生评价

在课程设置的特色方面，A、B 两所大学都有明确的关于教育理论的课程设置，C、D 两所大学因地处民族地区，虽然未在课程名称上明确标出民族字样，但是教学内容紧密联系地区的教育现状与研究趋势，而且设有民族语授课班。

为了使学生更好地理解课程重点与难点，教育学学科的课程建设均做到了重视实践教学的课程设置。理论课程配合实践教学，使学生能够直观感受和把握教育基本理论的相关知识，避免理论学习的单调、乏味。通过实践的指导，可以帮助学生理解教育的本质，教育与人和社会的关系，以及这些理论知识在实际教育教学中的反映和运用，为学生提供了方法论上的指导。在实践课程设置方面，A、B、C、D 四所大学都十分重视学生教学实践能力的培养，不断增加实践教学环节在课程设置中所占的比例，并积极创新实践形式。理论知识与实践教学的配合贯穿学生学习全过程，使课程学习更加生动，提高了学生解决实际问题的能力。

总体来看，A、B、C、D 四所大学教育学学科的实践课程可以分为教育见习、教育实习和教育调查三种方式。例如，要求学生完成规定学时的教学参观、考察与见习。实践教学以学生的体验和参与为主，教师不作过多的讲解。此类实践课程的设置，强调了社会实践活动的重要性，促进了学生社会实践能力的培养。

85

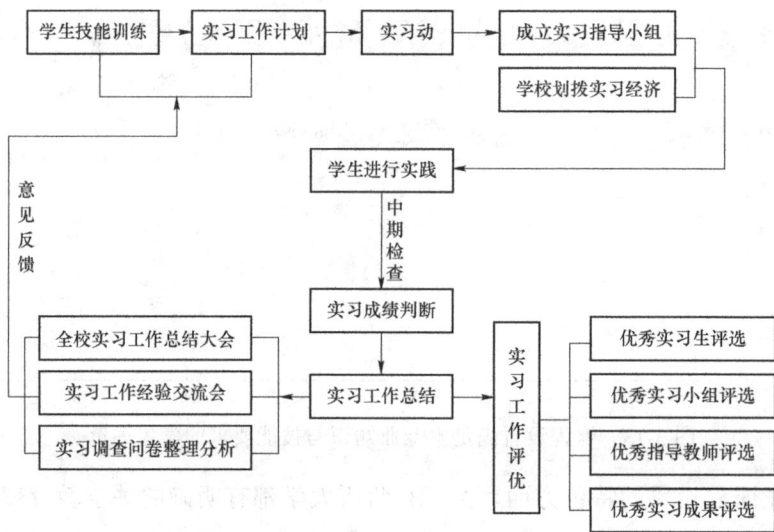

图 3-14　D 大学教育科学学院实习工作组织与监督流程图
（来源：D 大学教育科学学院）

作为课程体系的重要组成部分，毕业论文（设计）是学校和社会对学生学习成果的检验，各所大学都通过制定毕业论文（设计）的管理办法对学生进行规范监督。在学校总体要求的指导下，学院根据自身发展目标的设置提出更为细致的规定。积极鼓励毕业论文（设计）的创新性，严厉打击论文作假等学术不端行为。

二、课程结构与教学

（一）课程结构

课程结构是课程体系的骨架，是课程设置、课程类型、课程配比、修习要求的总体规定[①]。课程结构不仅关系着课程体系的组织架构，规定了各门课程的比例关系、必修课程与选修课程、分科课程与综合课程、国家课程与校本课程的搭配，而且关系着课程目标能否实现以及实现的程度。

---

① 汪霞. 世界一流大学研究生培养模式和课程体系研究［M］. 南京：南京大学出版社，2015：374.

教育学学科课程结构的设置和搭配要求既适应于当地经济社会的发展，又适应着学校自身发展的特点，同时充分考虑学生的文化背景和学习能力。由于不同学校的课程结构会因学位授予类型、地区经济文化发展的差异而有不同的要求，因此课程设置没有统一的标准。目前，高水平大学的课程类型要求有专业基础课程、研究方法论课程、语言类课程、学术写作课程、跨学科课程、修业咨询与就业辅导课程、前沿进展与研究讨论课程。多样的课程结构既是学校和学科特色发展的重要着力点，同时也满足了学生的不同学习需求。目前我国本科阶段的课程结构主要由通识教育课程和专业教育课程组成。各所大学的通识教育课程都是遵循中华人民共和国教育部的文件指导，由思政课程和素养课程构成。素养课程包括外语、计算机、体育等。各所大学的通识教育课程结构基本相同，专业教育课程结构则各具特色。根据对 A、B、D 三所教育学学科本科阶段专业必修课程结构的整理，制作了表 3-4。

表 3-4　A 大学教育学学科本科阶段课程结构

类别	学科基础课	专业基础课	专业方向课
课程	教育学导论	德育原理	教育基本理论
	心理学导论	现代教育技术学	基础教育
	人体解剖生理学	教育心理学	教育
	普通心理学	教育统计学	
	教育学原理	教育社会学	
	中国教育史	课程与教学论	
	发展心理学	教育管理学	
	外国教育史	教育学	
	教育研究方法	课堂教学技能训练	
	教育哲学	比较教育学	
		教育测量与评价	

从表 3-4 中可以看出，A 大学教育学学科本科阶段的课程结构是按照学科基础课、专业基础课和专业方向课进行的分类。表格中主要是必修课程，除了理论课程结构，还另外规定了实践教学环节的课程结构，主要以学年论文、毕业实习、毕业论文和社会实践构成。

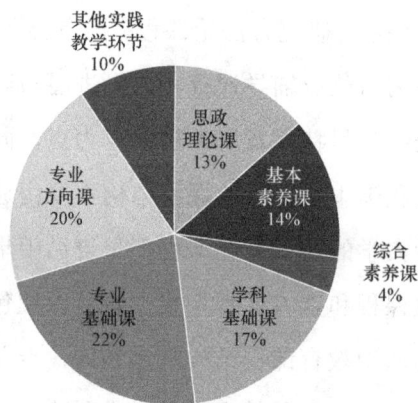

图 3-15　A 大学教育学本科专业各教学环节分配图

依据 A 大学教育学本科专业培养方案制作了教学环节分配图，从图中可以看出，专业类课程平均占比 20%左右，素养类课程、思政课程以及实践环节分配均匀，很好地覆盖了课程结构要求的种类。

表 3-5　B 大学教育学学科本科阶段课程结构

类别	学科基础课	专业课程
课程	学科专业导论	发展心理学
	教育概论	教育社会学
	普通心理学	学校管理学
	教育心理学	教育统计与测量
	现代教育技术应用	教育评价学
	文献检索	教育行政学
	中国教育史	教育哲学
	教育概论	
	德育原理	
	课程论	
	外国教育史	
	教学论	

　　B 大学教育学学科本科阶段课程结构的理论课程部分分类采取学科基础课和专业课程两个部分，都设有必修和选修课程，表 3-5 主要是必修课程部分。同样，除了理论课程结构，实践教学环节也规定了教学实践和教学实习两部分教学要求。根据培养方案制作了图 3-16 和表 3-6。

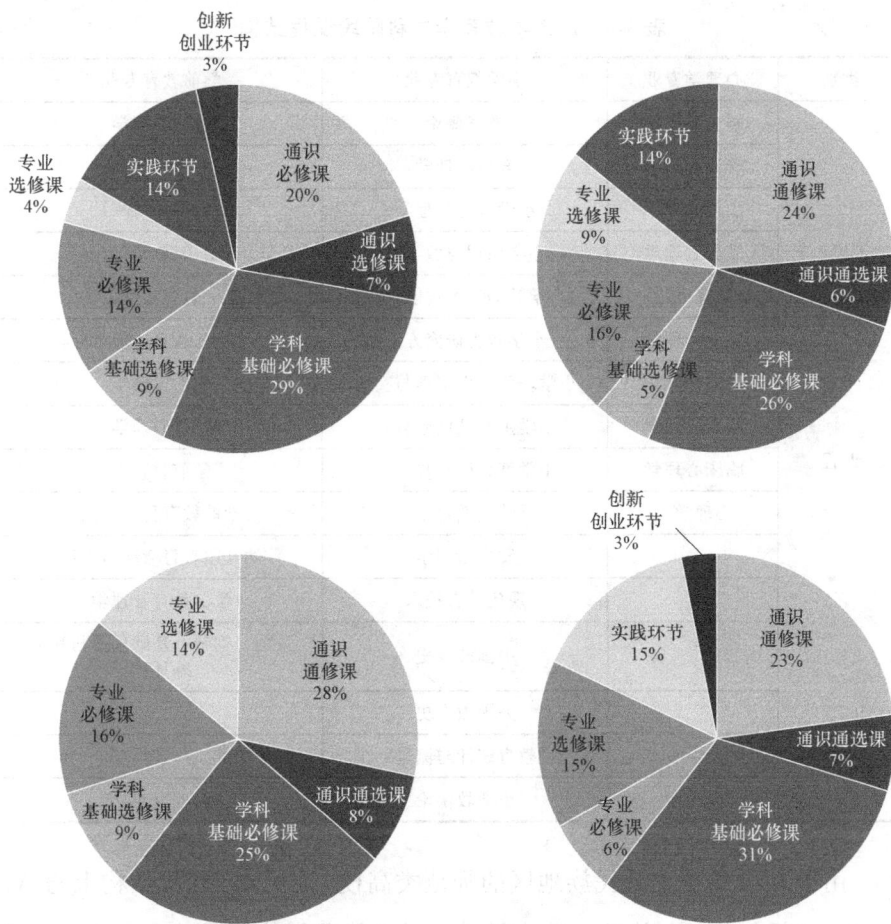

图 3-16　B 大学教育学本科专业各教学环节分配图

　　B 大学教育学专业本科培养的课程结构如图所示，其中选修类课程占比 20%，加入分配在各类课程之中的实践环节综合占比 23.437 5%，增设了创新创业环节的课程占比，体现了对创新型人才培养的重视；教育技术方向的课程结构实践教学环节占比 26.562 5%，同样设有创新创业环节的要求；教育学原理方向必修课占比 69.47%，选修课占比 30.53%。其中，实践教学环节分配在各类课程之中，综合占比 23.75%；心理健康教育方向未设学科基础选修，实践教学环节占比高达 36.56%，突出了对于实践能力的培养。

表 3-6　D 大学教育学本科阶段课程结构

类别	心理学专业	小学教育专业	学前教育专业
课程	解剖心理学	教育概论	普通心理学
	普通心理学	教育心理学	中外教育史
	生理心理学	小学教育管理学	心理统计与测量
	发展心理学	小学课程与教学论	教育学
	教育概论	小学教师基本技能训练	教育法学
	实验心理学	小学教育研究方法	幼儿教育心理学
	认知心理学	小学班队工作原理与实践	学前保健学
	教育心理学	小学生心理健康教育	学前心理学
	临床心理学	小学德育原理与方法	学前教育学
	心理学史	普通教育学	学前教育科研方法
		发展心理学	幼儿园教育活动与设计
		现代教育技术	学前教育管理学
		中国教育史	舞蹈、钢琴、基础乐理与视唱练耳等
		外国教育史	
		教育统计与测量	
		小学教学论	

由于 C 大学是地处民族地区的师范类高校，因此，在课程结构上与 A、B、D 三所大学存在差异。C 大学教育学学科课程结构通过大力发展省级精品课程和校级精品课程来表现，其中，《中国教育史》被评为省级精品课程，《教育概论》和《外国教育史》被评为校级精品课程。

D 大学教育学学科本科阶段课程结构虽然也由学科基础课和专业课程构成，但与 A、B 两所大学的表现形式不同，采用了以不同专业为分类标准的课程结构，并突出了课程特色。其中小学教育专业中的小学教学论课程又可以分为语文、数学、英语、民族语的教学论，更加突出小学分科教学法和班级管理方面的课程。

这些课程的设置一方面使学生掌握了扎实的教育理论基础；另一方面也为学生将来走向工作岗位积累了一定的专业基础知识，更好地适应工作需要。

不同于本科课程，在经历了四年的学习后，学生在专业理论基础方面都有了一定的积累，因此，研究生阶段的课程除了学位基础课以外，更多以专题的形式展开，目的在于培养研究生独立思考问题、分析问题和解决问题的能力。教育学学科研究生阶段的课程设置更加突出了地区的教育特色。

表 3-7　A 大学教育学研究生阶段课程结构

类型	专业必修课	专业选修课
硕士研究生	教育学前沿专题	教育社会学专题研究
	教育学原理	教育民族学
	教育心理学	双语教育研究
	教育学研究方法	基础教育改革专题
		信息技术与课程整合专题
		跨文化教育专题研究
		教育质量评估与保障
		民族高等教育政策
		比较教育
博士研究生	教育人类学田野工作	社会科学与教育人类学理论基础研究
	社会科学研究方法	教育政策分析研究
	教育经典文献研读	教育史
	教育学科前沿理论	跨文化心理与教育研究
	多维视野教育学科基础	民族双语教育研究
		教育基础理论研究
		民族高等教育研究
		民族基础教育（含学前教育）研究
		教育科学专题研究
		发展与教育心理学专题研究

表 3-7 是 A 大学教育学学科研究生阶段课程结构，其中不包括教育硕士，并且专业必修课是所有专业的学生都要学习的课程。此外，各个专业还有本专业的必修课。从表格中可以看出研究生阶段的很多课程都是以专题的形式设置的。在理论课程之外，同样设有实践课程。由于教育硕士提出了更多实践能力的要求，因此课程设置也具有自身特色。

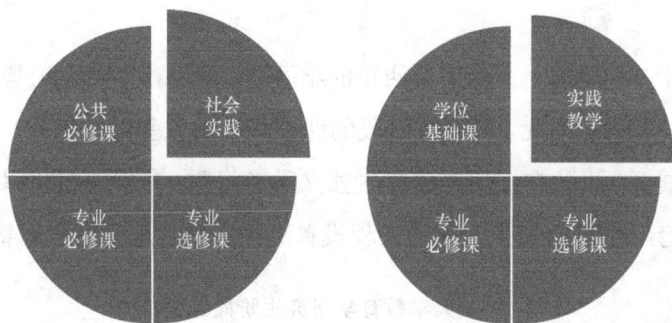

图 3-17　A 大学教育学硕士课程分类图

以 A 大学为例，教育学硕士课程类别分为公共必修课、专业必修课、专业选修课以及社会实践。教育硕士的课程设置分为学位基础课、专业必修课、专业选修课以及实践教学。不同专业的学位基础课相同，包括中国特色社会主义理论与实践研究、（除学科教学英语外其他领域）外语、（学科教学英语）汉语语言文学基础、自然辩证法概论、教育原理、课程与教学论、教育研究方法、心理发展与教育。专业必修课部分依据专业不同而存在差异，专业选修课十分丰富，不限制专业进行选择。A 大学教育学学科研究生阶段课程设置结构合理，分类明确，学科前沿专题丰富，为研究生阶段的课程学习提供了丰富的研究方向，对其他教育学学科的课程设置具有指导意义。

（二）教学情况

不同的课程内容要求要以不同的教学方式进行展现，进而更好地实现课程目标。新课程改革要求在教育教学过程中突出学生的主体地位，因此，传统的、单一的讲授式教学难以适应当下社会和时代的发展变化以及学生发展的需求。在"双一流"建设规划关于人才培养的总体指导下，为了突出学生在学习过程中的主体地位，更好地将课程内容传递给学生，教育学学科的教学方式也在不断更新和变革。目前比较常见的教学方式包括讲授式教学、研讨式教学、案例式教学、导师指导式教学、学生轮流讲座教学以及团队作业教学等等。这些不同教学方式的创新，避免了传统单一教学形式的弊端，增加了学习过程的趣味性，营造了宽松、自由的学习氛围。

为了适应新时期的发展变化，积极推动教学方法改革，A、B、C、D四所大学均出台了一系列教学工作规范指导和规定。从课堂教学、实践教学、考试考核、毕业论文（设计）等方面提出了质量要求，对课程大纲进行调整，并将教学内容更新作为重要方法，注重教学与时俱进，在教学中注重引入最新的学科前沿成果，引导学生对学科前沿和热点领域有基本的了解。

A大学教育学院的一位教授在访谈中讲道："我们作为教育学专业的能力是教育教学能力，这是我们所谓的核心素养、核心能力。我们把教育教学能力也分配在课堂当中和课外活动，就是第二课堂。课堂当中老师根据课程类型，把教育教学能力进行了分解，比如知识检索能力、分析问题能力等，分解之后老师通过学生课外作业、实验要求等对这些能力进行锻炼，因为老师在课程当中也有能力训练这一项要求，不光是讲授知识。我们在课外的时候也有要把教育教学能力进行培养，怎么培养呢？我们设计了一套围绕教育教学能力的系列活动，这些活动是在学校形成的品牌专业，品牌活动，比如说义务支教，到流动儿童学校义务支教，这是锻炼学生实实在在的教育学能力，这也是社会服务，因为流动儿童学校教师数量都不足，这是一个。另外一个就是讲课比赛，讲课比赛一开始是我们自己搞，后来因为要发挥教育学专业对学校的服务能力，学生自我教育，所以我们先是本科生，后来研究生也搞，我们有'为师之道'研究生专场的讲课比赛，等于是有本科生层面也有研究生层面，最开始是本科生开始做的，所以这个讲课比赛培养的就是学生的授课能力，上微课，10～12分钟的小微课，培养学生的教育教学能力。还有一个呢就是寒暑假实践，这些实践都是围绕老师的一些研究课题，学生研究一般都是农村、山区教育上的一些问题做的调研，这个可以看出来就是学生的很多题目很多都是教育的。我们在课外实践中培养的学生的思想教育，人才培养全部是融会贯通，和整个的人才培养目标相匹配，全方位地进行培养。我们所有的学生活动也不是完全是学校有什么我们就参与什么，是我们有计划地制定的。"

不仅如此，为了不断丰富教学内容，调动学生学习的主动性和积极性，教育学学科的教学鼓励教师将科研成果引入课堂教学中，鼓励学生积极参与教师的科研活动，既为学生展现了最新的科研动态，又激发了学生的兴趣，促进了学生实践能力和科研能力的提高。

B大学教育学学科推行"本科专业课程模块化"教学改革与行动学习，此方案以提升教学效能为目的，基于需求、着眼能力，强调教师课程建设责任，依托国家级教师教学发展中心开展课程模块化教学设计与实施，打破传统讲授方式，注重课堂教学师生合作与对话，引导学生掌握专业前沿整体性知识，提升发现、分析和创新能力，训练探究方法，从前文提到的课程教学分配的比例就可以看出，学院对于学生教学实践能力与技能的重视以及对于创新能力的培养，促进了学生专业理论内化、外化、活化。

同样，D大学为了稳步推进教学改革，学校陆续出台了《某大学关于深化课堂教学改革的指导意见》、《某大学教学改革实施方案》等文件，通过试点课程和试点学院逐步指导推进。在访谈中，D大学教育科学学院的一位副教授说道："现在已经很少有'满堂灌'的方式了，而且单一讲授式的教学，学生其实学到的并不扎实，学院也不让。你得让学生有亲身体验，自己准备一节课，自己去找资料，自己去控制讲课的时长和节奏，学生才真的能体会到教学当中的奥妙，而且在反思的过程中，也能好好分析自己哪个环节准备得不充分，哪个地方设计得有问题。"

研究生阶段的教学改革方面，C大学为了贯彻落实《教育部关于改进和加强研究生课程建设的意见》，也出台了《某大学研究生课程建设试点工作方案》，促进了研究生课程学习和科学研究的有机结合，尊重和激发研究生的学习研究兴趣，注重培育独立思考能力和批判性思维，全面提升创新能力和实践能力，为研究生培养质量提高提供了稳固支撑。

在教学的形式上，为配合国家关于高校信息化建设的指导，教育学学科越来越重视网络教学、在线教学的推进，尤其是地处民族地区的高校，更加深刻地认识到发挥互联网建设对学校教学改革推动作用的重要意义，鼓励教师将传统教学和在线教学相结合，开展混合式教学模式，调动学生的学习自主性。在教学的学习方式上，单一的课堂教学已经无法满足学生对高效学习的要求，因此，适时地引入报告会、交流会和读书会等形式的学习方法是教学改革的现实要求。

毕业论文（设计）作为教学的组成部分，是对教学质量和学生学习能力的重要考核方式。为了更高效地指导学生进行论文撰写，教育学学科积极鼓励教师将自己的科研工作与学生毕业论文（设计）结合起来，并通过校企合作联合培养的方式，为学生提供了更多的实践机会，在实践中探寻适合自己的选题思路。

三、课程管理与评价

（一）课程管理

从课程建设政策来看，教育学学科的课程管理是教研室、学院、教务处、研究生院通过安排课程、制定管理方案和评价标准来指导课程建设。从管理学角度来说，只有系统内各部门协调一致，才能实现高效的课程管理，提高管理效率，避免在管理过程中造成人、财、物上的资源浪费。课程管理是确保课程实施的质量和课程目标实现的重要手段，是实现有序教学的基本保证，也为教师实现专业素质和专业发展的提升提供了良好的平台。A、B、C、D四所大学教育学学科都十分重视教学管理和质量监控。

不仅制定了适合本校的课程建设管理办法、教学管理规定细则等指导文件，而且通过设立各种教学奖励来激发教师的课程创新与教学技能的提升。为了更好地保证课程实施质量，完善课程建设，面对教学质量改革的要求，四所大学都对课程申报条件、课程建设目标、课程建设管理、经费使用情况以及奖励标准进行了科学合理的设定。例如《某大学教学工作规范》《某大学教学管理操作细则》《某大学关于设立优秀教学奖的决定》等一系列文件，逐步形成了"检查—反馈—整改—再检查"的教学质量监督和保障机制，通过政策导向促进教学质量的改进。

教学改革过程中的经费建设是课程管理的重要环节，为确保经费使用合理、透明，在学校总体经费管理规定的指导下，A、B、C、D四所大学的教育学院都结合自身发展情况制定了教学单位经费划拨及使用管理办法，加大对教学质量改革的投入力度，以提供坚实的经费保障，并对经费使用和经费上报流程做了明确、细致的规定。

在管理机构设置方面，从初步的课程方案计划到课程的开设与审查，教研室、学院、教务处、研究生院都各自承担课程管理的具体任务，通过课程委员会保证课程方案合理、科学、有效地设置。从课程审议程序来看，是对课程质量的要求。一方面通过理性审查的形式，由审查员对课程进行观摩，从而对课程的开设形成书面的评议观点；另一方面通过教师主动向课程审议部门提供课程开设意向书。教师主动性的发挥及外在监督机制的运行，更好地保证了课程开设的质量。

从管理载体来看，现阶段课程信息都是借助学校网站呈现的。学生通过课程管理页面可以查询到自己的课程信息及全部选课信息。以信息化手段服务于课程管理，既节省了一定的人力、物力资源，又对学生的选课信息有了高效全面的了解和把握，对于后续的课程方案设计和具体课程开设和安排都有着重要的作用和意义。目前，通过网络信息化进行的课程管理已经成为各课程管理的常态。

从管理方式来看，A、B、C、D四所大学都注重从多个环节对教学课程进行管理和把控。A 大学教育学学科充分加强教学监督和管理，通过课程编排、集中备课、交叉听课等形式和方法促进核心课程教师对于本门课程的学识专业度和教学技巧性提高，从而使课程能够更贴近学生的实际需求。B 大学教育学学科形成了相对完备的教师教学责任机制、课堂教学评价落实机制、自查自纠机制和"备课、上课、评课"常态机制。形成了系统完善的教学质量保障制度，全面深化"校级教学督导-院级教学督导-课堂教学质量全程监控"机制、教学质量保障主体协同机制、专业方向和课程群责任机制、教学质量工程专项经费管理机制等。D 大学在此方式的基础上更加细化，设置了教学组织管理、教学过程管理、教学质量管理、教学改革以及学风建设 5 个项目，设立 25 个观测点，明确了观测内容和观测基准，以质量评估结果作为教学工作和行政管理工作的考核评价指标，这一指标又影响着该学科未来的经费、政策支持，从而引导学科对课程和教学质量的高度重视。

（二）课程评价

课程评价是检验教学效果和学生学习成果的手段，也是衡量课程目标达成与否以及达成程度的重要指标。一般而言，课程评价具有诊断、改进和调控的功能，影响着教师的教与学生的学，对教师的教育教学水平的提升有着重要的促进作用，由教师、学生、家长、学校、社会等多个评价主体共同构成。同时，课程评价也是对课程实施效果的价值判断过程，体现着评价者的价值观念和主观愿望。由于不同评价主体的背景、地位、身份、立场等方面存在着一定的差异，因此，对于同一课程而言，不同的评价者会给出不同的评价结果，需要有公正、客观、科学的评价体系进行保障。公正、客观、科学的课程评价有利于维护教师、学生等各方主体的利益，充分调动教育教学各方面主体的积极性，更好地实现教学目标，促进教师和学生的共同成长和发展。

在教育部发布的《普通高等学校本科教学工作水平评估指标体系》的

指导下，为保障学校整体教学质量，A、B、C、D 四所大学都建立了相对完善的教学质量保障组织机构。包含学生评价教师、学分绩点评价、教师评价学生、导师组评价以及教学审查和问卷调查在内的课程评价方式，主要由主管教学的副校长领导教务处、校办公室、人事处、学生处等多个部门协同配合、共同负责，通过多部门联动机制，在教学评估工作中发挥重要作用。

通过问卷调查了解学生是否参与过教学评价的情况可以看出，超过80%的学生参与过课程评价活动。

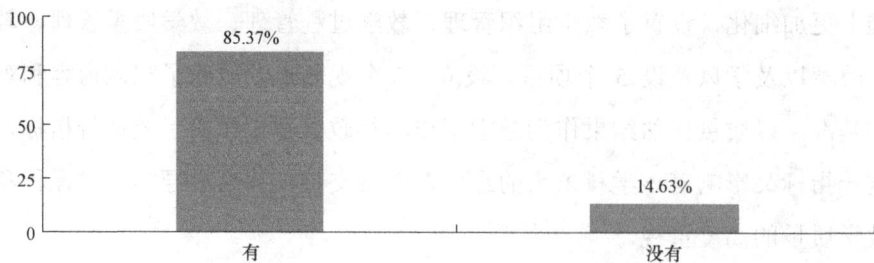

图 3-18　学生参与教学评价情况

通过对 A、B、C、D 四所大学评价机制的分析研究，笔者了解到，对教师教学工作的评价主要根据教学工作指导评估和教学质量保障体系建设而制定，此类文件对教学工作监督建设和评估指导做了具体要求，明确要求以学院为单位，成立由教学指导委员会和教学督导委员会组成的导师组，共同完成对教师教学工作的评价。通过制定《某大学课堂教学评价标准及办法》，从不同评价主体的立场出发，包括专家评价、同行评价和学生评价在内，对教师的教学行为给予奖励和惩处。学生评价制度是学生对教师的教学工作进行评价的主要途径，需要注意的是，在充分发挥学生参与教学评价积极性的同时，要避免学生因个人偏见出现影响教师评价客观性的现象发生。

教师对学生的评价主要通过学习成果考核的方式，包括课堂表现、期末考试、论文撰写情况等。为了确保考核制度的公平公正，A、B、C、D

四所大学教育学学科均制定了学生成绩考核管理办法，平衡考核制度各个环节，科学分配学生平时成绩和期末成绩的比例，将学生出勤情况、课堂表现、随堂测验等纳入考核制度中，不再只关注期末考核成绩，使评价方式更加多元化。为了保证评价结果的公正客观，促进教学质量的提升，学校在组织建设、制度建设等方面都作出了积极的努力。

在具体的实践中，B 大学教育学学科建立了"点、线、面、体"结合的质量保障体系。以课堂教学为"点"、课程建设为"线"、专业建设为"面"、大类专业为"体"，实现课堂教学及时评价、课程建设过程评价、专业方向动态评价、大类专业综合评价的"四位一体"教学质量保障体系，促进教师不断改进和创造质量文化。在完善教学评价监督体系，建立以教学督导为主、学生评教为辅的评价监督机制方面，B 大学教育学院的实践对其他教育学学科完善评价反馈机制具有指导意义。

第三节　教育学学科教材建设

教材、教师、学生是构成教育活动的三大基本要素，关系着教学活动顺利开展、教育教学目标的实现。学科教材是指为推动学科发展，根据学科性质和任务，组织编选的具有一定学术深度和特点的学科知识技能体系[①]。从含义上讲，教材有广义和狭义之分，狭义的教材是指某一学科的教科书；广义的教材指除教科书以外还包括课程的辅助教材，例如，教学参考书、课外读本等。教材是课程计划和教学内容的载体，既是教师教的依据，也是学生接受知识的重要途径。任何否定教材或者离开教材的教学，其教学目标和教学质量自然失去了根据。当然，并不是说要唯教材论，而是在正确认识和理解教材在教学中的重要地位和作用的前提下，不脱离教材、不

---

① 宋俊成. 高校思想政治教育学科建设研究［D］. 大连理工大学，2015.

肢解教材，以教材为基础，做到科学合理开发。教材建设的根本目的是人的培养，因而教材的选择和编制都要以学生的全面发展为根本的出发点和落脚点，兼顾时代发展要求和学生不同成长阶段的认知特点。学科教材不仅是辅助教学的工具、材料，同时也展现了学科最新科研成果，是众多教材编制的专家、学者智慧的结晶。我国地域广袤，各地区间的经济、社会发展程度不同，加之不同文化背景的差异，使得我国不同地区的高校在教材选择方面存在差异，在结合自身实际、因材施教的前提下进行教材建设。

无论是地域差异还是文化差异，教材始终是国家各项教育政策法规的反映，高校的学科教材始终是最新科学研究成果的体现。在科教兴国战略的指引下，我国的教材改革也在不断发展。在"双一流"建设的指导下，教育学学科教材建设也需要与时俱进、因材施教，更好地保证教育目标的实现，不断提升地区人才培养的质量。

一、教材建设的原则与目标

前述提到，教材的建设要适应时代发展的需求，不同经济社会发展时期有着不同的教育目的，对人才培养质量和标准要求也不相同，因此，教材建设体现出了不同的特点。纵观新中国成立以来的教材建设，由于教材背后隐含的目标不同，因此教材本身学科知识体系和架构上的认识也就不同。

（一）新中国成立初期的教材建设

新中国成立初期是我国教材建设的探索时期。这一时期的教材建设是在旧教材的基础上，结合苏联教育思想的指导，立足我国百废待兴的社会背景，为维持教育的稳定性进行的探索。1949 年 12 月，我国第一次全国教育工作会议讨论决定组织一批经验丰富的教员编辑中小学教材，这是新中国教材编写的起点。1950 年，人民教育出版社成立，确立了我国学科教材编审、出版的权威机构。这一时期的教材建设主要遵循和借鉴苏联教育经验的原则，以编写适合中国教育实际的教材为目的。教育学学科教材的编写是在《1951 年全国教育工作的方针和任务》中确立的，根据国家建设和发展的需要编写师范学校相关的《教育学》和《教科书教法》教材。由于社会发展背景的限制，这一时期教育学学科教材建设主要面向基础教育阶段的教育实际，教材的编写以教学方法和基本的教育学学科知识为主要内容，对教育学学科的研究和分类还不健全。这一时期的教材建设由国家集中管控，苏联模式特点明显。尽管在教材编写的过程中存在教材的学科门类开设不够齐全，缺乏统一参照标准等问题，但是在探索社会主义教育发展建设的社会过渡时期，对我国日后教材建设的发展还是具有重大意义的。

（二）社会主义建设时期的教材建设

自 1956 年开始，我国进入了经济和社会发展的新阶段，同时也是探索适合中国国情的社会主义发展建设道路的新时期。这一阶段的教材建设与前一阶段由国家集中管控不同，在新的教育政策指导下，呈现出了探索与革新的姿态，开启了自主编写阶段。1958 年，《关于教育事业管理权下放问题的规定》一经出台，全国各地掀起了自编教材的浪潮，充分发挥了各地区在教材建设上的主动性和积极性。这一阶段，国家和政府领导以及教育工作者充分认识到全国统一教材实施的弊端，不同文化背景的教育应当区别对待。因此，各地区在教材编写与选配的过程中，开始意识到结合自身文化背景的重要性，因地制宜。教育部也不再集中制定教材。

我国幅员辽阔，不同地区的自然环境、文化差异明显，众多，因此乡土教材的编写应运而生。乡土教材依据我国教育政策的大政方针，在充分考虑当地的历史、文化、经济和民族特点的基础上编写而成，实现了教材特色化的过程，体现出国家在教材编制管理权上的变化。这一阶段的教材建设呈现出多样化和群众参与的特点，也为地区的教育学学科教材编写提供了良好的机遇与平台。但是,受到这一时期"大跃进"运动的影响,我国教育事业发展暴露出了诸多问题,教材建设中也出现了教材编写质量下降的问题。1959年,教育部为保证教材质量,将教学大纲和教材编写工作重新归由教育部统一负责,但各地区可以根据自身特点进行适当的调整,既满足了各地区经济、社会、文化发展不同特点的需要,也规范了教材编写的质量,适应了当时时代发展的要求。1960年,教育部成立了教科书编审领导小组,删除了原有教材中不符合时代发展的部分,同时增加了补充教科书和乡土教科书。这一探索时期,虽然经历了教材质量下降的阶段,但是也调动了各地区、各教育工作者编写教材的积极性,并最终形成了教材编写的审核部门,使我国教材编写向规范化更近了一步。此后,全国各地的教材编写和选用的过程在国家统一领导下,根据当地文化背景因地制宜地补充教学内容。这一阶段的教材编写体现了"调整、巩固、充实、提高"的八字方针,是我国教材建设的发展时期。

伴随着1977年高考制度的恢复,教育事业焕发了新的生机。1977年,全国教科书出版发行工作会议召开,将学校教科书的编写工作重新交由教育部负责,补充教科书和乡土教科书继续由各地区自行编写。除此之外,会议对语言文字教科书的编写进行了指导,规定参照原有的民族文字协作区分别协商编写,对我国教材的编写和民族文字、文化的保留和传承起到了积极的作用。这一阶段的教材建设是在邓小平同志的领导下,遵循"教科书要反映出现代科学文化的先进水平,同时要符合我国的实际情况"的原则,以"为现代化建设服务"为目标,适应和满足了我国社会主义现代化建设的需要。与此同时,人民教育出版社开始参考发达国家教材的编写,根据我国最新教育方针和教学计划,不断提高教材编写质量。

(三)社会主义改革与发展新时期的教材建设

进入20世纪90年代,随着我国经济建设的稳步发展,我国的教育事业也迎来了全面改革和发展的时期，教材建设也取得了长足的发展进步。这一阶段的教材建设立足我国科教兴国战略的大背景，依据提高全民族文化素质的原则，在教育法制建设大力发展的保障下，将不断深化教育体制改革作为重要工作，以培养具有创新精神和能力的人才为目的。伴随着改革开放的深入发展和第三次科技革命的进程，教材建设已经不再局限于文字教材，补充教材开始出现了幻灯片、录音、录像等音像类教科书，拓展了学生学习的方式和途径，增加了学生学习过程的趣味性，调动了学生在学习过程中的主动性和积极性。1992 年第七次课程改革将教材建设适时调整以适应国家最新的教育方针政策。1999 年，《面向 21 世纪教育振兴行动计划》出台，这标志着 21 世纪的教育方针从科教兴国到人才强国的战略转变，因此，教材建设的原则调整为以创新人才培养为主，以素质教育发展要求为目标，培养高素质、创新型的人才以提高国家竞争力，满足社会主义现代化建设的需要。这一阶段的教材建设不仅更加注重创新能力的培养，而且将社会主义核心价值观融入到教材建设中，积极满足国家和民众对教育的期待，呈现出科学化的教材建设发展趋势。

二、特色教材的编写

教材是学生学习的重要载体和依据，体现着国家意志及价值观，通过对教材的理解和把握，不仅能够使学生在规定时间内掌握学科基本知识和逻辑架构，也能够使学生对国家、地方的历史文化发展有基本的了解，树立正确的人生观和价值观。因此，教育学学科借助和通过教材这一媒介和载体，完成了对学生思想政治的教育和社会化引导。通过教材的编写，可以将优秀文化融入教育教学之中，结合当下最新发展趋势与文化最新研究成果，提升学生群体对于优秀文化的兴趣与学习热情，与时俱进，树立起民族自豪感和自信心，加强意识形态的培养，促进民族团结教育。

教育学学科的特色教材建设基于本学科特色专业的发展，结合了本地区的经济、文化特点进行建设。为鼓励学校教师进行特色教材的编写，学校不仅为教材建设提供充足的专项经费,鼓励教师编写高质量、高水平特色教材,而且通过设立奖项和奖金激发教师的动力。

A大学教育学院多年来在教材编写方面多次荣获国家及省部级各类奖项,担任主编、副主编参与编写的教材获得历届全国教育科学优秀成果奖的就包括《中国高等教育学》《中国教育学概论》《教育理论与政策研究》《中国教育史教程》等。其中,《教育学通论》作为高等教育精品教材,更是成为国内教育学学科以及各地区研究教育的主要教材。

图3-19 A大学教育学学科教材编写部分成果展示

A大学教育学学科对教育的研究集中在教材编写方面的成果丰硕,特色鲜明,为我国教育学学科教材建设的发展作出了巨大贡献。

表3-8 B大学教育学院近几年教材编写一览表

教材名称	年份	应用方向
《现代学校管理学》	2016	教材
《大学生心理健康教育》	2013—2016	教材

教材名称	年份	应用方向
《普通心理学》	2014—2015	参考书
《现代心理与教育统计学》	2014—2015	参考书
《心理健康教育》	2014—2016	教材

（来源：B大学教育学院网站）

在访谈中，B大学教育学院的一位教授指出："作为，编写具有民族特色的教育学教材是很有意义的，这方面工作与学科发展相关，但是目前这方面的建设十分不足。"从表格中也可以看出，近几年的教育学学科相关教材的编写没有突出特色的成果。

由于C、D两所大学地处地区，因此，在特色教材编写方面有着得天独厚的优势。两所大学的教育学学科不仅编写了大量具有当地特色的教材，而且还有很多采用民族语言编写的教材，体现了学校对于特色教材建设的重视，也提升了学校教育学学科的影响力。

在访谈中，C大学的一位前校长说道："我们的教授首创用民族语撰写教育学、心理学教材，到现在为止，用民族语出版的教育学科门类下的教材和专著，现在有一大批，这方面取得了丰硕的成果。用文字撰写教材和专著，在全国来讲，是咱们的特色，也是优势，更是应该好好发展的。"

C大学依托教育研究基地，制定了民族语教材建设规划，并设立出版基金，在20多年的发展过程中，共编译了70多部教材，翻译国内外80多部优秀教材。仅2016—2018年就出版了15本教育研究代表性专著、教材，为课程建设、专业建设、学科建设的教学载体提供了坚实的保障。尤其是民族文字编写的教育学学科教材，多次获得全国文字优秀教材奖，为民族地区学生的学习提供了大力的帮助。作为地处民族地区的师范类高等院校，C大学积极推进民族文字教材建设工作，先后制定了一系列管理制

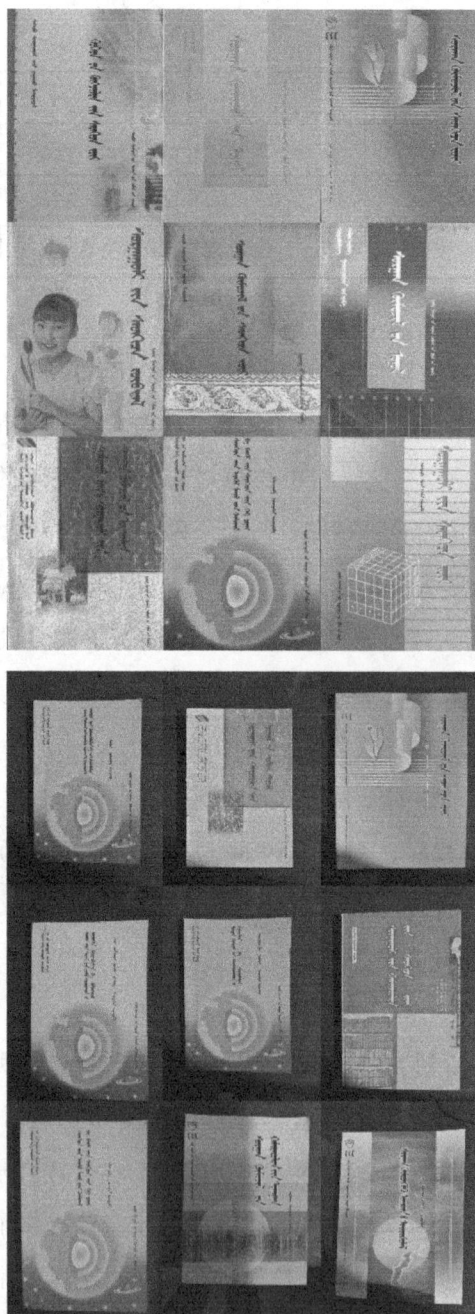

图 3-20　C 大学教育学学科民族语教材部分成果展示

（来源：C 大学教育学院某教授提供）

图 3-20 C 大学教育学学科民族语教材部分成果展示（续）
（来源：C 大学教育学院某教授提供）

度，实施优秀民族文字教材评选奖励措施，激励教师多出精品。经过数十年的发展，C 大学编写的民族文字教材已经形成了较为完善的体系，多部民族文字教材被制定为国内高校民族语授课通用教材。更有一些教材走出国门，成为其他国家的教科书，在国际教育文化交流中发挥了积极作用。

在访谈中，D 大学教育科学学院的一位教授指出："在特色教材编写这一块，我们要突出我们的民族特色，不光是民族语教材的编写，更是文化的一种传承和传播。咱们学院老师担任主编、副主编撰写的民族语的《当代学校教育学》是八省区规划教材，那一年（2013 年）还有《教育统计学》出版，也是民族语的，再有咱们老师参编的'十二五'规划教材《心理学基础》，这样的年年都有，这都是我们的特色，特色发展好了不就是优势了吗。"

对民族文字教材来说，学校通过建立审定制度，实行编审分开的原则，加强责任制，有利于实现互相促进，调动各方面的积极性。通过对文字教材的编写，一方面加强了对历史文化发展的研究；另一方面，通过对文字的研究，也为研究民族文字专门人才的培养奠定了基础。同时，实行统一教学大纲的要求，更有利于编出不同风格的教材，使教材多样化，更加体现了民族特点和民族地区特点①。C、D 两所大学教育学学科民族语言文字教材的编写成为了该校教材建设的优势领域，是其他学习借鉴的榜样。

三、教材建设的管理

教材编写的质量是实现教育发展目标，满足人才培养质量要求的基础。同时，教材的科学管理是发挥教材功效最大化的重要保证。因此，对于教育学学科建设和发展而言，注重和强调对教材的选用与评价具有重要意义。

随着改革开放的不断深入，各种金钱观和利益观相互交织，加上社会公众对于教育的关注和重视，使得各种劣质教材、违规教材不断流入市场。面对当下各种劣质教材充斥的社会环境，不仅影响了学生的身心发展，也对我国教材的整体建设以及教育事业的健康、有序发展造成了很大的消极影响。重视教学内容与课程改革，重视教材或教科书的编写出版，对提高高等学校教学质量，具有重要的意义②。因此，为了促进学生身心健康发展和教育事业稳步推进，满足社会民众对于教育多样化的需求，无论是各级政府管理部门，还是中小学、高校，都高度重视教材的选用工作。随着对教育教学工作制度建设的重视，教材建设的立项制度也在不断完善，对于优秀教材的选用和教材评价机制的建立与完善也给予了高度重视。

通过对 A、B、C、D 四所大学关于教材建设相关文件的整理，笔者了解到，四所大学均制定了《某大学教材建设与教材管理规定》的文件，以"选优选新"为原则，优先选用面向 21 世纪国家规划教材以保证教材质量。由于教材是教学的重要媒介，教材的选用是直接关系教育教学工作的重要环节，因此各高校都十分重视对优秀教材的选用。通过积极构建教材选用

---

① 金东海. 教育政策研究 [M]. 兰州：甘肃教育出版社，2002：108.
② 刘振天，杨雅文. 重建教学与人类知识史的结合——创新目标下的高校教科书改革 [J]. 高等教育研究，2003（3）：76-80.

制度，严格审批流程，确保学生在课堂教学中可以有效获取正确、科学的知识以及学科最前沿的科研成果，保证教学质量。

C 大学作为地处民族地区的师范类高等学府，学校面向全校学生开设教育学学科二学位课程，为适应民族地区文化背景的需要，决定自编教育学二学位教材，并制定了教材建设管理办法等文件对教材编写进行监督管理。学校对校内教师的自编教材实行立项管理，杜绝劣质教材进入课堂，保证了教材编写的质量。对于教材编写的申报、评审和立项等各个环节的严格管理，使编写者和审核者能够针对教材编写过程中存在的问题和困惑进行及时沟通，指导编写者后续的编写工作。教育学学科的教材是国家教材战略的重要组成部分，民族地区教育学教材编写与研究是教育学学科教材建设的重要环节。

D 大学在教材选用的审批流程上实行责任制，由任课教师负责选定教材，教研室主任、教学副院长、院长进行审批，最终由学院行政管理部门负责与出版社进行沟通、征订。如果在教材选用上出现与专业不符、质量不高的问题，任课教师负主要责任，从根本上提升了教师在教材选用上的重视程度，也避免了因教师与出版社金钱交易导致的劣质教材进校园、进课堂的问题。

教育学学科在教材选用和编写的问题上，十分重视文化的融入，在充分考虑文化背景对教学内容的影响之外，认真考量了学生对于教学内容的理解和接受能力，注重文化特色的培育。为凸显教育学学科的特殊性，学校鼓励教师立足于本学科和民族地区，利用自身优势，充分发掘当地历史、文化发展，进行教材的编写，为保留、传承当地文化，实现学校特色发展做出了贡献。

通过对 A、B、C、D 四所大学教育学学科教材建设现状的调查，笔者了解到，为了保证教材的质量，不断提升教材质量监督意识，建立了严格的教材质量检测监督机制，实现了对教材编写、选用及管理较为完善的评价体系，并形成了相应的鼓励机制。教材评价是课程评价的一部分，关系着教育教学质量的高低以及学生全面发展和人才培养目标的实现。为了完善相关组织和制度建设，各教务处都主要负责教材管理工作，并组织教材质量评估及优秀教材评选工作，为教育学学科教材建设提供了坚实的保障。

第四章　教育科学研究与社会服务

"双一流"建设规划对于大学科学研究与社会服务职能的目标要求是以国家重大需求为导向，提升高水平科学研究能力，为经济社会发展和国家战略实施作出重要贡献。同时，打造一批具有中国特色和世界影响的新型高校智库，提高服务国家决策的能力。着力推进成果转化，将高水平研究成果转化为社会服务的不竭动力，增强高校创新资源对经济社会发展的驱动力。教育学学科的科学研究与社会服务要充分结合地区的发展实际，挖掘特色优势，切实为教育事业的发展提供智力支持与人才保障。本章从教育学学科的科研平台建设和社会服务两个方面进行研究，通过典型案例展现教育学学科与教育事业共同发展的现状与困境。

第一节　教育科学研究平台建设

专业发展的核心是教学，学科发展的核心是科研。因此，学科建设规划中要突出科学研究的重要地位。科学研究是影响高水平大学建设进程的重要因素，决定着高校学科建设水平的高低。

一、科研平台建设的方向与思路

科学研究是高校的重要职能之一，也是教师实现自身专业发展和成长的重要途径。学科的建设和发展也离不开对学科本身所展开的相关研究。

随着社会经济的不断发展，科学研究和教育学学科发展的不断深入，教育发展中存在的问题需要团队协作、跨专业沟通才能取得新的研究成果。科研平台为研究者提供了互相交流、学习的平台，是提升研究者科研能力、提升学科整体建设水平的重要载体。为了进一步推进科研平台建设，高校必须提高对科研平台建设重要性和重要地位的认识，以特色学科为抓手，不断凝练学科方向，通过科学规划和统筹部署，明确科研平台建设的方向和思路，重点扶持、协同发展，推进学科平台建设的质量，为学科整体建设和发展奠定良好的基础。

（一）凝练教育科学的研究方向

由于学科的性质、任务、研究内容等方面不同，各学科的研究方向也有所差异。即使是同一学科内部，随着学科的不断建设和发展，也衍生出了众多不同的研究方向。形成特色、稳定的学科研究方向，对学科从不同角度、不同侧面进行深入细致的研究，既是学科发展本身的需要，也是提升学科整体竞争力的关键。因此，每个学科都应制定自己的科研规划，分析自己的比较优势，论证、确定相对稳定的科研方向，避免科学研究处于一种自发的、分散的状态，缺乏正确有效的目标导向。同时，以科研规划为指导，做好科研选题工作，应注意选择有价值的、应用性强的课题[①]，如此，才能真正发挥科学研究对学科整体建设和发展的促进作用。

---

① 孔繁敏. 建设应用型大学之路［M］. 北京：北京大学出版社，2006：104.

2001—2017 年全国教育科学规划民族教育课题数占年度立项课题总数比

年份	2001	2003	2004	2005	2006	2007	2008	2009	2010	2011	2012	2013	2014	2015	2016	2016	合计
民族教育课题数	68	18	9	13	7	8	11	21	23	22	14	16	15	17	16	15	293
立项课题数	1496	764	151	392	228	278	342	459	452	402	419	440	422	425	479	488	7637
所占比例	4.55%	2.36%	5.96%	3.32%	3.07%	2.88%	3.22%	4.58%	5.09%	5.48%	3.34%	3.64%	3.55%	4.00%	3.34%	3.07%	3.84%

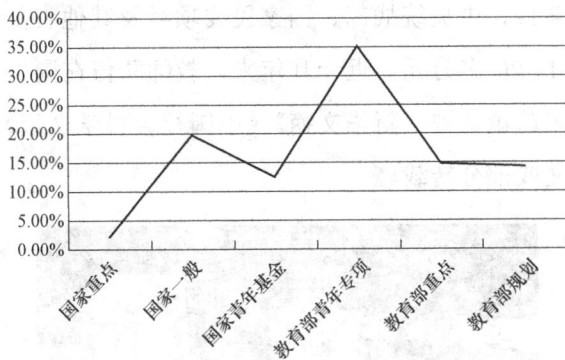

图 4-1　教育研究发展趋势分析图
（来源：《教育研究的历史演进与趋势展望》）

通过对全国教育科学规划课题中教育课题的占比数据可以看出，各领域对教育的研究一直保持着高度的重视，课题的年立项数一直处于平稳的状态，特别是在国家社科基金教育学重大、重点课题立项方面，可以看出国家对于教育研究的重视程度，教育在整个教育学学科中是不可或缺的重要组成部分。因此，教育学学科在加强科研平台建设，促进科学研究方面，不仅拥有坚实的基础，而且肩负着重要的使命。

A 大学"中国教育重点研究基地"，围绕"教育政策研究""民族地区双语教育问题研究""跨文化心理与教育研究""教育史研究""民族地区义务教育均衡发展研究""西部贫困地区教育问题研究"和"民族文化传承和教育"等教育领域重大问题进行了深入研究①，以基地为平台，教育

---

① 国家民委人文社科重点研究基地——中国教育重点研究基地［J］. 中央民族大学学报（哲社版），2017，44（1）：2＋179.

学学科建设在教育理论、教育政策、教育科研人才培养、学术活动的组织交流等方面取得了显著成绩。近十几年来，A 大学教育学院成功申请获批了 50 多项国家社科基金教育学重大课题、社科基金教育学重点招标课题、国家社科基金教育学一般项目、国家社科基金教育学国家青年课题、国家社科基金教育学教育部重点课题和青年课题，还有教育部人文社科重点研究基地重大项目、美国福特基金项目、联合国教科文组织西班牙千年发展目标促进基金项目、中央统战部、国家民委项目及其他省部级校级项目，累计经费超过 1 800 多万元。近十几年来，教师队伍在国内外核心期刊发表 400 多篇，多篇论文被《新华文摘》《中国社会科学文摘》《人大复印报刊资料》等全文或部分转载。

图 4-2　A 大学教育学院教师部分成果展

（来源：A 大学教育学院提供）

图 4-2　A 大学教育学院教师部分成果展（续）
（来源：A 大学教育学院提供）

　　B 大学"教育政策与法规重点研究基地"是依托教育学院建立的跨地区教育科研平台，基地建设重点凝聚在四个方面：第一，中国特色教育政策与法规研究。重点研究中国特色教育政策法规的理论体系和实践体系和民族团结进步教育政策与法规问题。第二，受教育权与教育优惠政策研究。重点关注教育立法问题、教育优惠政策问题、教育法规执行问题等。第三，民族基础教育政策与法规研究。重点关注民族地区学前教育、小学教育、中学教育、中职教育等基础教育财政政策、教师政策、课程政策、双语教育政策问题以及连片贫困民族地区教育扶贫政策与法理问题。第四，民族高等教育政策与法规研究。重点研究新形势下我国民族高等教育综合改革、民族院校和民族地区高校构建现代大学治理体系、民族地区高等职业教育政策绩效和法律规范等问题[①]。依托教育部重点研究基地，促进学科体系建设、人才培养、服务教育发展等各项工作的开展。近几年来，B 大学教育学学科获得多项省部级及以上奖励和支持，包括 3 项教学成果奖，拥有国家级、省部级教学名师与教学团队，8 个实验和实践教学平台等。

　　C 大学的教育科学研究所成立于 1983 年，研究领域包括"教育科研方

---

　　① B 大学教育政策与法规重点研究基地［EB/OL］. http://www.scuec.edu.cn/s/293/t/1611/main.htm.

法""教育史研究""教育发展战略思考"等，发展至今，研究领域不断扩大，承担了多项国家社会科学基金课题、全国教育科学规划课题、省级哲学社会科学重点课题、教育部委托课题等。此外，立足于本地区的教育研究中心是C大学特色鲜明、覆盖面广的重要科研平台，以地区教育事业的科学研究为基本任务，为推进语言教育发展、服务于地区基础教育作出了重要贡献，是集理论研究、学术交流、师资培训于一体的综合性教育科研机构。同时，C大学教育学院的科研平台建设还包括立足本地区的心理学重点实验室以及C大学人文社会科学研究基地——心理教育研究中心。

D大学"某省教育与心理发展研究基地"，立足当地教育发展实际，将研究方向聚焦在三个方面。一是，民族基础教育理论与实践研究：包括民族中小学学科教学研究；民族中小学课程与教学改革研究；民族中小学师资队伍建设研究；民族学校管理研究，民汉双语基础教育的理论与实践研究，基础教育学校教育与文化传承研究等内容。二是，民族高等教育和社会发展研究：包括民族地区高等教育特色发展与改革，民族高等教育组织文化研究，民族高等教育教学与人才培养模式研究，民族高等教育管理创新研究，民族高等教育课程思政研究，民族高等教育国际化研究，民族地区社会服务研究等内容。三是，跨文化心理与教育研究：包括民族地区学生跨文化心理与教育研究；民族地区中小学生认知特点研究；民族地区学生的文化心理与民族团结研究；民族地区学生的人际交往研究，民族地区中小学生的学业成绩归因研究；民族地区学生的学习动机研究，社会心理服务体系建设研究等内容。基地围绕教育学学科建设，根据该校聚居的地域特点，结合了教育学、教育人类学、教育学原理、课程与教学论、民族心理学、教育心理学等学科理论和教师队伍的研究优势，整合省内外学术资源，以提高教育质量、培养优秀人才、传承文化，促进地区社会经济、文化与教育的协调发展。

总体来讲，教育学学科的科研平台建设就是要紧紧围绕研究方向开展科研工作，无法形成有效合力的科学研究往往因为研究重点模糊，缺乏特色，研究方向不集中，而难以体现团队研究的整体优势和聚合优势。在研究方向的选择上，要针对社会发展需要，立足前瞻性、创新性思维，选择具有特色的、符合国家现阶段教育事业发展规划的研究领域。民族地区的教育学学科科研平台建设立足地区的特色，发挥特色学科的优势，清晰地认识到科学研究在学科建设中的基础性作用，围绕重点学科"教育学"展开特色优势学科建设，以"民族学＋"方式为教育学学科建设铺平道路。

（二）注重科研成果转化服务于教学

随着时代的变化发展，当今社会对高校的要求早已不单是知识传授，而且要兼具知识生产，更加强调学生能够将科学知识转化为现实生产力的要求。在学科建设和发展中，正确处理好科研与教学的关系是教育学学科科学研究发展的基本要求，要明确以教学为中心，强调科研对教学的重要支撑作用。专门开展服务于教学的科研是科研成果转化的基本途径之一。基于科学研究与学科建设之间的密切关系，必须充分认识到科研工作在人才培养中的重要地位和作用，特别是在促进教师知识更新、转变教学观念、推动教学内容和教学方法改革、改进教学手段、培养创新人才方面的巨大作用，进一步重视科研工作，坚持教学与科研二元培养人才的思想，从战略上重视并采取措施推动高校科技工作的改革和发展[①]。

在科学研究融入教育教学方面，通过对学生参与教师课题的问卷调查，笔者发现，本科阶段的学生多数没有参与教师课题研究的机会，这与本科阶段学生培养方案的制定有一定关系。这一问题在研究生阶段的学生群体中呈现出了完全不同的结果，超过三分之二的硕士研究生表示有参与教师科学研究的机会，几乎百分之百的博士研究生表示有各种方式和机会参与教师的科学研究。

---

① 朱先奇，史彦虎，史洁，等．制度创新与中国高等教育［M］．北京：中国社会出版社，2006：309.

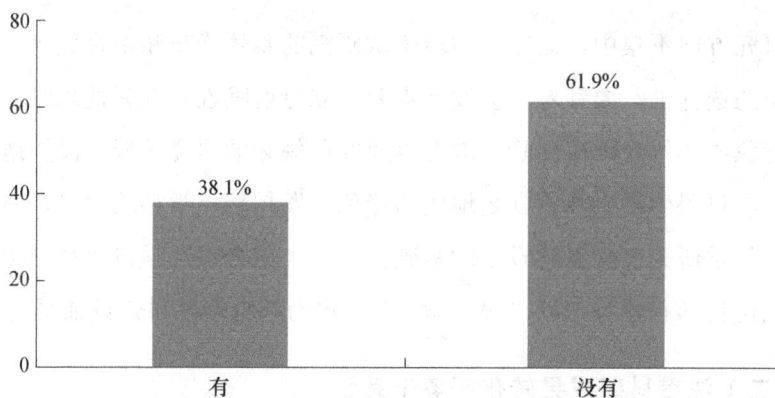

图 4-3　本科阶段学生参与教师课题情况

　　教育学学科通过鼓励教师开展专门针对于教育教学实际工作的研究，将教学与科研深度融合，通过科研这一途径，更好地服务于自身的教育教学。此外，学校也鼓励教师在教育教学过程中将自身科研成果融入课堂，丰富教学内容，取得了良好的教学效果。教师将自己的科研项目带入到教育教学工作中，不仅可以将理论知识与科研实际结合起来，激发学生的学习兴趣，而且还可以让学生在参与科研项目的过程中熟悉撰写毕业论文的环节，提高学生的实践能力，达到理论联系实际的学习效果。

　　例如在访谈中 A 大学教育学院的一位教授提道："就像老师很多研究成果出书了以后有的单独设课了，有的在我们普通课程当中有，比如说教育史，本科没有教育史，开不了，不像研究生有教育史。教育史有关的研究会融合到你教育史的讲课内容中，包括教育的观点、理论、方法都会融汇到教育学概论里，比如关于跨文化的儿童心理的研究，儿童心理的一些现有科研成果会融入到发展心理学当中。有些东西在研究生层面是可以单独设课的，我们在本科里是把它融进去了（因为不能单独设课）。这就体现了我们老师的科研成果融入教学的过程。"

　　不仅如此，对于科研成果转化用以服务教学还可以通过编写教材来实现。学校积极鼓励教师将自己最新的科研成果编入教材之中，这既满足了科研成果转化的要求，又可以编写出具有特色的教材。A 大学教育学院教师出版的专著《中国教育学概论》《教育学概论》《教育人类学》《教育政策研究丛书》《双语教育研究丛书》等成为我国教育学奠基性著作。另外，加强专业实验室建设，依托实验室作为科研平台，也可以满足教师、学生在教学和科研的多方面需求。

另外，实习基地的建设也是科研成果在服务教学方面的表现，特别是教育学学科对于学生教学能力的培养和训练方面。A 大学教育学院先后在长春松花江大学、北京市玉渊潭中学、北京市回民中学、北京市潞河中学、北京西藏中学、海淀区桃园育英小学、河北省黄骅市渤海路小学、甘肃省肃南裕固族自治县第二中学、云南省西双版纳州景洪市勐罕镇中学、澜沧拉祜族自治县民族中学、内蒙古锡林郭勒盟东、西乌珠穆沁旗、呼伦贝尔市陈巴尔虎旗、吉林省延边朝鲜族自治州等正式挂牌建立教育实践基地，为教师和学生提供了丰富的实践机会。以 C 大学的教育研究基地为例，在教育研究成果转化为课堂教学内容方面，通过课堂教学扩大教育研究成果的推广，促进教育科研和教育教学相互转化，并为此出台了多项规章制度提供保障，包括《C 大学民族语授课课程语专业建设管理办法》《C 大学民族语言教材立项管理规定》《C 大学民族语授课专业第二语言课管理办法》等。

（三）知名学者引领科研队伍

当前的国际竞争越来越表现为人才间的竞争。因此，各国都非常重视高层次人才的培养。同样，为了提升学校整体的竞争力和发展潜力，各个高校都注重提高各种福利待遇加强对高层次人才的培养和引进。在科研团队中，拥有众多高层次领军人才、学术带头人是科学研究发展和创新的关键。作为科研团队的核心，领军人才要有较高的科研水平与长远的战略眼光，对于研究领域有前瞻性，能够把握科研平台建设和发展的方向。

对于领军人才的选择，教育学学科遵循引进与培养并重的原则，大力引入学科资深学者，发掘青年人才，努力营造浓厚的学术氛围和宽松的创新环境。当今社会的科学技术发展迅速，新知识、新观念层出不穷，的教师队伍面对知识的不断更新的新情况，要想始终站在学科发展前沿就要不断地吸收新观念，补充学科所需的新知识，通过科学研究，时刻掌握学科发展趋势，明确国家、社会对人才培养的要求，保持创新思维，用科研武装教学、充实教学。因此，学科建设需要科学研究的不断发展，科学研究依靠的是教师队伍学术水平的不断提高。只有不断提高教师队伍整体的科研水平和能力，才能促进学科的建设和发展。

A大学教育学院专家学者以多种形式参与国家层面的教育活动和社会服务，充分体现了在国家教育事业发展建设中"智库"研究方面的贡献，例如四位教授参与了《国家中长期教育改革与发展规划纲要（2010—2020年）》的前期调研、起草、修改等工作，所撰写的"关于民族地区高等教育发展与人才培养研究"的调研报告曾受到中央领导高度重视，并对该报告做了重要批示。关于新疆双语教育的专题调研报告受到中央有关部委领导的高度重视。有些研究报告的部分内容被国务院颁发的4文件所采纳，部分成果被地方政府制定教育政策所采纳。有些教授多次参加联合国教科文组织和联合国儿基会举办的学术研讨会活动，并作大会主题发言。

在访谈中，A大学教育学院的一位教授指出："咱们学校实际上要成为国家研究解决教育问题，制定教育政策的智库。包括这些年咱们学院几位教授承担的课题也是给国家各部委递交政策咨询报告，为国家的教育政策的制定提供咨询，也就是说智库。这个当然同时体现在什么层面呢，体现在研究生和老师的科研层面，实际上是为社会服务。人才培养、科学研究、社会服务这是三驾马车，那我们的三驾马车有为民族地区服务的，比如说科研成果落实到民族地区的人才培养当中，这是一个，另外一个服务就是为国家有关机关部门的服务，就是决策智库，这就要依赖于我们的科学研究，我们学院很多老师都是教育这方面专家库的。"

　　C 大学的一位教授也表达了相同的观点，指出："现在科研的一个很重要的方面就是智库，为国家咨询提供咱们专业角度的反馈，像 A 大学的教授参加的教育部多项关于双语教育问题的研究，关于民族地区学校政策怎么出台，还有一篇报告得到了中央领导签字批复，这就要意识到这是国家的重视，也是我们的贡献，智库这一块，教育学如何发展，这些都是体现我们作为国家教育智库，社会服务这一块，体现我们的特色，也是高层次人才的责任与使命。"

　　由此可见，高层次领军人才引领科研队伍的一个重要科研贡献就是资政服务和智库建设。通过对 A、B、C、D 四所大学教育学学科高层次人才引进与管理的政策举措进行调查，笔者了解到，历来注重教师队伍综合素质的持续提高，将教师专业发展和科研能力提高作为学校的首要工作。鼓励教师出国进修访学，为教师继续深造提供机会，提升教师队伍整体水平，重点打造一支高水平民族教师队伍，为高层次领军人才引领科学研究提供坚实的保障。特别是 C、D 两所地处民族地区的大学，为达到高层次人才领军科学研究建设的效果，学校积极聘请国内多所重点大学的知名专家为特聘教授，全面提升了教师教学科研的实力和水平，为科研平台建设和科学研究的顺利开展铺平了道路。C 大学依托教育研究基地，成立了由国内教育研究的顶尖学者和知名专家组成的学术委员会，聘请了多位教授担任专家委员会成员。为了进一步提升教育学学科的竞争力，促进教育学学科的建设和发展，学院还大力引进兼职教授，发挥高层次领军人才对于学科整体科研水平、学科建设与发展的促进和推动作用。这也是在访谈的过程中，教育学院领导层呼吁的重要问题。坚持"引育并举，通过柔性引进院士、学部委员，引进优秀博士等措施，逐步解决学科缺乏顶尖人才、新兴学科缺乏师资力量的问题。在加强引进的同时，教育学学科也高度注重对现有人才的培养，为形成富有创新活力、老中青结合的科技人才队伍体系不懈努力，充分发挥高层次人才在学科建设和科技工作中的支撑和引领作用。

二、教育科学研究平台建设的具体措施

（一）依靠特色优势学科建设打造高水平科研平台

要推动民族地区同步实现全面小康，同步实现教育现代化，迫切需要推动科研管理创新，优化科研资源配置，提升研究质量和创新能力，加快构建富有中国特色、与国际教育发展趋势和我国教育事业发展要求相适应的教育科研创新体系，以基本建成与民族地区经济发展、社会稳定、民族团结、长治久安相适应的教育科研服务体系，推动教育事业实现跨越发展①。科研平台建设一般是为具有优势的特色学科建设和发展提供平台，在学科建设规划的指导下，满足人才培养的需要，依据优势研究领域与特色学科建设进行学科的研究工作，以促进教育教学工作的发展，最终推动高校办学水平和质量的提高，为地区人才培养提供前沿科学知识的保障。

由于其自身的特点，其优势学科往往是建立在区域研究的基础之上，是拥有特色的学科，这类特色学科以深厚的文化为土壤，在长期的发展中不断进行创新建设，适应时代与社会发展。这类特色学科既保证了在国内高校竞争中处于相对有利的地位，也为特色人才的培养奠定了重要基础。

在访谈中，A大学教育学院的一位教授指出："教育学这边的科学研究我们还要注意挖掘关于当中的教育传统，比如说民族文化传承，探讨作为他们的传统文化有自己独特的传承方式，什么叫传承，传承就是我们的教育，比如通过节日、习俗、仪式等等，通过家庭、社会，因为没有学校教育，它的文化都在生活当中点点滴滴地传递下去。后来像有的教授研究文化敏感性，在教育当中就更细了，关注文化敏感性。像T教授做的是关于课程本土化、乡土课程、在课程当中的反映，等等。再比如边境教育、语言的安全、语言的双语问题，师资的培训要是适应民族地区的，比如说功

---

① 沈沫，陈立鹏. 加强教育科研的思考与建议［J］. 华南师范大学学报（社科版），2016（1）：119-122＋191.

能，幼儿园老师怎么去教，都体现了我们的教育各级各类，各个领域的这种特色优势，涉及的面比较广。作为教育这一块（的科研成果）标志来讲就是说具有我们最独特的特色，成体系了，我想应该就是《中国教育学概论》《教育学通论》，更全面，90年代的《中国教育学概论》可以说是标志性成果，当然初步成型，后来比较完善的成果，我觉得还是《教育学通论》，作为我们专门研究教育的这么一个特色学科出现可能以这本（为奠基）。我们这出了一系列具有民族特色的科研成果，包括后来教育史，民族心理、民族高等教育都全了。就是我们教育课程群就得靠这些来支撑，就是科研成果体现在课程里，都是凝练进去了，也为我们人才培养作依托。"

通过对 A、B、C、D 四所大学教育学学科科研平台建设现状调查，笔者了解到，A、B 两所大学教育学院坚持以学术为基础、以服务求发展，以培养具有较强创新精神、实践能力的教育高级专门人才为宗旨，力争将教育学学科建设成为国内外具有重要影响的引领我国教育改革与发展的教育科学研究中心、教育学专业人才培养基地和教育决策咨询机构。科研平台建设经过多年发展积累，拥有了国家级教师教学发展示范中心、国家民委人文社科重点研究基地、教育部教育政策与法规重点研究基地、多元文化教育研究中心等多个学术平台。另外，还建设有民族院校发展研究中心、教育政策与法规研究所、教育发展研究中心、高等教育研究所等科研机构，为打造教育学学科优秀创新团队提供了坚实的保障。

C、D 两所大学充分结合地域优势和特点，建立了省级重点实验室、人文社会科学重点研究基地和教育研究中心等，立足地区特色学科，以教育史、教育理论与政策、多元文化教育与心理、民族高等教育等为研究方向。这些科研平台的建设所包含的各种人、财、物资源为教育学优势学科的进一步研究和发展奠定了更加坚实的基础，助推了地处民族地区的教育学学科建设发展。C 大学于 1996 年成立的教育研究基地发展至今，先后举办了 50 余次全国和全省教育相关研讨会，包括《中国教育蓝皮书》研讨会、中国教育学会教育学分会教育基本理论专业委员会年会、该省（自治区)教育学会教育学专业委员会年会等,聘请了超过 100 位教育知名专家学者进行讲学。该基地的主要研究方向包括教育政策、教育课程与教学、教育史、教育心理、教育比较研究,内容涉及幼儿教育、基础教育、高等教育、教师教育、双语教育、民族团结教育、乡土教材与民族文化传承、智库研究、现代化研究等。

(二)提升科研创新能力

科研平台的建设为高校间的学术交流提供了便捷的途径,有利于科学研究的交流与合作,促进资源共享与互动,为科研队伍的建设创造了良好的条件。科学研究作为学科建设的重要内容之一,两者间存在一种相辅相成的密切关系。只有不断提升科学研究水平,才能更好地推动学科整体建设。没有科学研究做支撑,其学科建设必然也会陷入一种低质量循环的怪圈。相应的,学科建设和发展整体水平的提升所带来的各种人、财、物资源投入的增加,又能够为科学研究发展奠定重要的基础。科研平台是科学研究的载体,没有一流的科研平台就很难形成一流的学科。科研能力的高低是直接影响学科建设水平的重要因素。高校的科研平台建设不仅肩负着科学研究的任务,还承担着人才培养的职责。提升科研创新能力,营造良好的学术氛围是学科建设对于科研平台建设的目标,更是师资队伍建设与人才培养的重要保障。

创新能力是"双一流"建设对高校科学研究的要求,是适应国家和社会经济发展建设的需要,是我国教育事业不断向前发展的不竭动力。当然,创设宽松、和谐的学术环境也是对教育学学科建设的应然要求。

关于创新团队建设方面,A 大学教育学院举办了"我国教育热点与前沿问题研究创新团队建设"开题报告会,邀请了国内教育领域著名专家学者进行讨论,包括北京大学、北京师范大学等著名高校专家学者、全国哲学社会科学规划领导小组学科组成员、中国语言学会副会长、国际双语学会会长、教育部教育司领导、全国教育科学规划办专家领导等专家。近些年来，该团队多次深入全国民族地区开展田野调查研究，进而向国家和地方决策部门提交多份研究报告，为国家发展战略实施提供了重要参考，同时发表多篇教育类高质量学术论文及著作来推进教育学学科建设。因此，该团队被评为国家民委"教育研究创新团队"，这些实践活动是教育学学科提升科研创新能力的重要举措。

前述提到，B 大学教育学学科高度重视学生创新创业教育工作，将学生创新创业能力的培养纳入到了课程结构当中，并在考查中占有一定比例的学分要求。

C 大学教育学院充分发挥其地区师范类高校的特点，将科研创新思路融入到教育改革之中，坚定培养具有创新意识与能力的教育学人才的思路，面向地区基础教育事业，引领区域和学校的特色建设。学院设立了教育协同创新中心，为树立科学的教育改革与创新发展的教育理念奋斗，为培养学生的创新创业能力服务。在教育协同创新中心的推动下，学院举办了"新时代基础教育改革与创新发展研讨会"，邀请到多位全国知名教育学专家学者，拓宽了地区教育事业创新发展的思路，充分体现了教育学学科对于科研创新能力提升的迫切需求。

面对"大众创业、万众创新"的国家发展战略要求，D 大学教育科学学院积极为学生搭建创新创业平台，结合教育学学科，营造良好的创新创业氛围，不断提高学生的科技创新和实践能力。教育科学学院先后举办了四届大学生电子商务"创新、创意及创业"挑战赛、六届"互联网＋"大学生创新创业大赛，并将优秀项目推荐到学校，对于激发学生的创造力、提高学生创新思维能力起到了积极的效果，也充分体现了教育学学科对于提升科研创新能力的培养。

总体来讲，教育学学科不断提高对于科研工作创新观念的认识，深刻认识到科研创新是学科发展的动力源泉，不仅是培养创新人才的基础，也是不断提高师资队伍水平的重要途径。通过科学研究协同创新工程，深入开展传统优势学科的理论研究，鼓励教育学学科进行跨学科、跨文化研究，探索校地、校企合作创新模式，重点推进"协同创新中心"建设，按照科研条件一流的标准，加大对协同创新中心、研究基地等科研平台的建设力度，整合资源，依靠民族特色和学科优势助力科研创新能力的提升。同时，对具有重大理论和实践创新意义的科学研究，应给予重点资金扶持和奖励，以科研平台为载体，定期组织和召开国内或国际的科研学术论坛，鼓励校际间、学院内部、不同学院之间教师在创新研究上的交流与协作，在学院和学科内部营造出一种良好的创新文化氛围和环境，更好地服务于教育学学科建设和发展。

（三）促进学科的交叉、融合与发展

历史上，我国高校科学研究的弱点是单兵作战、力量分散，承担大型科研项目的能力不强，对学术水平和影响力的提高非常不利。不能否认，针对单一学科进行深入研究对学科建设和发展有着积极的作用，是与其他学科进行交叉研究的重要基础和前提。如果没有对本学科扎实的研究基础，在与其他学科进行交叉、融合的过程中必然会失去方向。随着社会经济的不断发展，面对复杂的国际竞争和社会情况，以往单一学科的研究很难完全解释和解决某些特定的社会问题和现象。例如，现代社会中的人口问题、能源问题、生态环境问题等，都需要应用不同的学科的理论和方法加以解决[①]。因此，学科间的交叉和融合不仅是各学科发展的需要，也是社会经济发展的必然。学科间的交叉和融合为本学科的研究提供了新的研究视角和方法，进一步推动了本学科的研究，有利于培养高层次复合型人才。为此，国家在重点建设中强调破除学科壁垒，促进学科联合与交叉[②]。科研平台作为高校开展科学研究的载体，汇集了人才流动、学术交流、成果共享以及知识的更新。科研平台是开放共享、交叉互动的，它整合了各类社

[①] 郑晓瑛. 交叉学科的重要性及其发展[J] 北京大学学报（哲学社会科学版），2007（3）：141-147.

[②] 郭新立. 中国高水平大学建设之路——从 211 工程到 2011 计划 [M]. 北京：高等教育出版社，2012：75.

会资源，为科研成果的创造提供了技术、人才、资金保障。不仅如此，科研基地的建设还能够扩大相关学科的社会影响，为学科建设创造良好的发展环境。

面对国家"双一流"建设发展战略，要破除以往学科分割的陈旧观念和管理方式，积极鼓励学科交叉和交叉学科的发展，把优势学科做大做强，加大特色学科建设力度，促进学科交叉融合。实施学科建设跨越工程，凭借优势学科建设，加强与相关交叉学科群的建设，为建成教育学一流学科提供支撑。对于教育学学科而言，充分考虑到的特色优势，将民族学与教育学进行深度融合，通过课程、课题的方式寻求教育学学科的特色发展，对适应地区、熟悉地区文化的高素质人才培养有着积极的作用。此外，学校和学院积极引导和鼓励教师开展教育学学科与其他相关学科（包括自然学科在内）的交叉研究，并在科研项目和课题研究中优先支持学科交叉和交叉学科，从而营造出了一种鼓励交叉的学术氛围和环境，推动教育学学科的进一步建设和发展，这方面还有很长的路要走。

三、科学研究交流与合作

（一）开展学术交流

学术交流是根据规定的课题，由相关专业的研究者、学习者在固定时间和固定地点参加，是与会者将自身的知识、经验、成果与其他人进行探讨、沟通和交流，并有可能产生新知识、新观点的一种活动。学术交流是科研工作中一项十分重要的内容，是阶段性研究工作的一种总结、积累、借鉴和提高，能够为进一步地深入开展相关研究奠定基础、树立信心、指明方向，是促进学术发展和繁荣的重要条件，也是高校科研工作的重要组成部分。其形式是多种多样的，一般包括：公开发表学术论文，参加国内、国际学术会议，访学研修，合作研究以及接受和邀请同行专家、学者讲学等。[①]学术交流不仅是学术自身发展的需要，也是高校发展乃至我国教育事业发展的必然趋势和要求。任何封闭式的学术研究最终都会陷入故步自封的困境，难以适应社会发展的需要，对教育教学和人才培养质量等方面产生消极的影响。因此，高校要有更加开放的姿态，不断分享、交流和学习学术研究成果和经验。当前，越来越多的高校开始重视学术交流对学校发展和整体竞争力提高的影响，经常性地组织和召开国内外高水平、高质量的学术交流活动也被认为是学校在该学科领域内学术影响力和地位的重要衡量标准。通过学术交流，一方面能够加强校际间、学校与社会间不同研究者之间的沟通和联系，促进理论与实践研究相结合，另一方面也能够促使学校教师不断掌握学科最新知识、理念和研究成果，提高人才培养质量。

民族地区的教育科学学术研究应积极开展交流合作，强化交流合作意识，经常组织学术各类研讨会、经验交流会等活动，既能够训练学校自身的学术组织能力，也能够在交流中了解学科最新科研动态以及研究发展趋势。

在调研中笔者了解到，A 大学教育学院作为教育学学科建设的引领者，为了更好地开展学术研究，聘请国内外教育学、心理学方面的资深教授、知名学者等教育学专家担任中国教育研究创新基地学术委员会成员和主任，开展高层次学术交流，举办多场国际论坛，主要作为举办者进行学术交流。同时，举办"中外教育名家讲坛"系列报告，定期邀请伦敦大学、华盛顿大学、伯克利大学、加州大学、匹兹堡大学、澳大利亚悉尼大学、加拿大部女王大学、日本东京大学、赫尔辛基大学、格里菲斯大学的著名专家学者做学术报告，通过著名专家学者就他们擅长的研究领域和丰硕成果，分享学科前沿的研究成果，从而极大地促进了教育学科建设，扩大了师生们的学术视野，提高了研究水平和研究能力。

---

① 孙显元. 高等学校教师教学科研方法 [M]. 合肥：合肥工业大学出版社，2005：173.

图 4-4 "国际视野下的教育：历史、理论、政策与实践"国际论坛在 A 大学举办

（来源：A 大学教育学院）

我国教育学家顾明远参加 A 大学教育学院举办的教育 70 年高层次专家论坛，并在论坛中对 A 大学教育学院承担的《教育大辞典》（教育卷）的修订工作给予具体指导和建设性的意见。

图 4-5 我国教育领域专家参加 A 大学教育学院学术会议

（来源：A 大学教育学院）

在开展学术交流方面，B大学教育学院主要采取邀请专家学者来开展讲座的形式，同时，积极参与其他高校及科研部门举办的学术交流活动。例如，邀请中央民族大学教育学院教授、西北师范大学教授等开展学术交流讲座，参加"西部民族地区教育扶贫暨民族院校教育硕士人才培养研讨会"等。

图4-6　B大学教育学学科开展多种形式的学术交流活动
（来源：B大学教育学院网站）

地处民族地区的C、D大学教育学学科在积极参与国内国际学术交流会的同时，借助A大学教育学院的资源，邀请多名国内外知名学者专家来学院讲课、学术交流。同时采取"走出去"的原则派出多人次到国内教育学学科一流高校深造、讲学、学术交流，并组织开展课题研究，进一步开阔教师队伍的眼界，提高教师的学术水平。但是也要注意到，C、D 两所大学教育学学科在举办高水平学术交流方面的能力还有待提高，其学术影响力还未能通过特色优势充分发挥出来。

总体来讲，各所的教育学学科开展学术交流活动，无论是全方位举办、大力邀请还是积极参与，通过这些学术交流活动的组织和召开，都可以做到既能够提升学校教育学学科的发展实力，又能够营造出良好的学术氛围和学术环境。

（二）国际合作与交流

高校作为科研创新的重要场所，汇集了大批优秀的科技人才，在国际科技交流与合作中更应扮演重要的角色，发挥更大的作用。加快高校国际科技交流与合作进程，不仅是时代发展和深化高等教育改革的必然要求，也是提升我国高校自身科研水平，增强综合办学实力，推动我国国民经济持续健康发展的重要途径[①]。伴随着时代的发展和经济全球化的趋势，国际交流合作已经成为高校发展和建设的必然趋势，不仅对人才培养的国际化水平和在科学研究方面对话世界一流大学的能力提出了更高的要求，而且也是传承、创新我国优秀文化展现给世界的重要途径。由于我国多处于边疆地区，国际化办学起步晚，教师队伍国际化程度低，与国外高校交流合作渠道有限，因此，在一定程度上制约了国际合作交流的发展。面对"双一流"建设的时代机遇，应积极开展国际化合作，寻求合作机遇，鼓励交流，提升国际化办学层次。同时，学习和借鉴世界一流高校的优秀办学经验，考察其改革发展的模式，积极与国际接轨，开展联合培养项目。遵循"请进来，走出去"的理念，不仅可以邀请海外学者前来讲学，将先进的教学、科研和管理经验引入高校，提升办学层次和水平，还可以鼓励教师

---

① 许戈魏. 加强国际交流与合作　提升高校科技创新能力［J］. 中国高校科技，2018（5）: 22-24.

出国访学，为教师提供丰富的交流机会。

笔者通过调研了解到，A 大学教育学院邀请到美国威斯康辛大学教育学家阿普尔教授、牛津大学教育学家西蒙·马金森、英国伦敦大学学院教育专家 Gary McCulloach、美国华盛顿大学世界多元文化教育学者 James A.Bank、德国柏林自由大学教育人类学家 Christoph Wulf、澳大利亚格里菲斯大学 Colin Mackerras 等众多学者来校开展"海外知名学者学术讲座"100 多场次。学院积极申请国家级海外名师项目以及国际知名学者讲坛项目，邀请多名著名学者访 A 大学教育学院。在学院领导积极的促成下，英国伦敦大学教育学院 Gary McCulloch 教授仅 2018 年就为教育学院师生做了 17 场高水平的学术报告。2019 年，A 大学教育学院国际知名学者的学术报告多达 47 场，并与教育学院的教师开展了实质性的合作研究。

在国际合作交流方面，B 大学教育学院 71% 的教师曾到境外学习或短期访学，学院多次与境外高校合作开展高校教师专业化培训等项目。同时，为培养学生的国际视野和跨文化交流能力，B 大学教育学院也多次派学生代表团出国交流学习，以提升学生的文化适应性和包容度、促进文化平等意识的培养。

C、D 两所地处民族地区的大学，结合自身实际情况和需求，除注重与世界其他国家联合开展教育研究项目以外，还积极鼓励教师进修访学，拓展科学研究的视野，通过国家留学基金委"西部项目"选送骨干教师出国访学，通过这种"内外兼修"的方式不断推进教育学学科的国际化水平，提升教育教学质量和人才培养质量。同时，通过与所处地区接壤的国家制定联合培养计划，利用兼通民族语言的优势，共同培养优秀教师项目，推进了学校的国际化进程，为国际合作交流提供了更多机遇。

综上所述，A、B、C、D 四所大学的教育学院都高度重视国际交流与合作，旨在拓展师生的学术视野和提高国际竞争力，同时提升优势学科的国际影响力。虽然在规模与水平方面存在一些差距，但是都具有积极的国际合作交流意识。

（三）创新人才合作培养模式

合作培养是人才培养的创新模式，包括国际合作人才培养、校企合作人才培养、校际合作人才培养等多种形式，是不断提高人才培养质量的重要方式和途径。通过互通有无、优势互补，满足当下社会对高水平复合型人才的需求。"双一流"建设战略是为提高我国高等教育综合水平和竞争力而制定的重大决策，要提升我国高等教育的国际影响力和话语权，就要提高我国高等教育国际化水平，构建国际合作模式，扩大对外开放程度，加强合作交流，创新人才培养模式。

创新合作培养模式，通过国际合作、校企合作人才培养的方式拓展了学生的国际视野，增强了学生的实践操作能力。通过积极开展国际合作教育培养，与国外高校和机构建立友好的合作关系，引进中外合作办学和"国际本科学术互认课程（ISEC）"项目，促进教育国际化发展。除此之外，为不断提升人才培养质量，促进学生实践能力提高，重视校企合作培养。校企合作人才培养就是高校与企业之间建立的人才培养关系，是为学生更好地适应实践工作开展的共同培养模式。教育学学科通过与国内多家教育机构开展合作办学，共建专业的方式，积极推进校企深度融合，创新协同育人模式，为学生提供了丰富的学习资源与实践机会。地处民族地区的高校积极推进校地协同育人，与当地政府全面合作，共建科研平台与技术创新联盟。特别是结合当地非物质文化遗产保护工程的建设工作，为传承创新优秀文化和发展民族特色学科建设发挥了积极的作用。例如，为了进行实质性合作，A 大学教育学院与国内外很多大学签署了合作协议，包括俄罗斯哈卡斯大学、英国伦敦大学、日本东京大学、美国华盛顿大学和内华达州立大学、蒙古国国立教育大学、韩国泉州大学、中国台湾台南大学和师范大学，以及中国的广西师范大学、内蒙古师范大学、青海师范大学、内蒙古民族大学、广西民族大学等，不仅丰富了培养形式，而且开阔了研究视野，对科学研究服务人才培养与社会服务方面具有重要的价值。

另外，教育学学科合作培养还运用订单式培养模式，D 大学联合培养计划就是采取的订单式培养模式，不仅为本校教师的学历水平提供了深造的机会，而且提升了教师的国际化视野和专业素质能力。这种合作培养方式还被用于企业与学校专业对接，学校根据企业的需求，在人才培养过程中有所侧重，以适应企业对于人才的要求。对应教育学学科而言，注重人才的合作培养创新，与国外高校签署了多项合作培养意向书，注重与周边中小学及其他教育机构的合作，加强教育实习实践基地的建设，积极鼓励学院教师出国攻读博士学位，这些都对教育学学科整体建设起到了积极的作用，实现了学校与社会的互惠互利、双向流动，从而建立起优势互补、资源共享、合作共赢共建的产学合作办学运行机制。

第二节　教育科学的社会服务功能

改革开放以来，我国高等教育事业取得了长足的发展。社会服务作为大学的重要职能之一，不仅体现在人才培养与科学研究都是以满足社会发展的实际需求为目的，而且也是教育学学科建设在知识逻辑与实践逻辑方面的重要表现，对于衡量大学价值具有重要的意义。为此，我国愈发重视大学社会服务职能的发展，在《中国教育改革和发展纲要》和《国家中长期教育改革和发展规划纲要（2010—2020 年）》中均强调发展我国的高等教育事业要增强大学的社会服务能力。"双一流"建设规划对大学社会服务职能的发展提出了具体要求。其中，建设目标涉及着力推进成果转化，将"双一流"建设与推进经济事业发展紧密结合起来，同时将开展创新创业教育、培养拔尖创新人才作为提高全社会创新能力的重要着力点[①]。教育学学科主要进行的是教育研究、培养教育领域的人才，同时，兼顾社会服务的职能。经过数十年的发展建设，在引领学术发展、发挥智库作用、承担社会公共服务方面发挥了积极作用，取得了丰硕的成果，形成了明确的社会服务定位，为我国教育事业的发展作出了巨大的贡献。

一、开创教育学和教育人类学学科并推进学科建设

（一）率先创设教育类学科专业和开展人才培养工作

作为我国教育学学科建设的创建者和领军人，A 大学教育学院的专家学者率先在国内创设了教育学和教育人类学学科，主编了《中国教育学》《中国高等教育学》《教育学通论》等著作和首批教材，创设了教育学硕士专业和中国教育博士专业，引领了该学科的发展，共同主编的教材《教育学通论》等荣获"全国教育科研优秀成果二等奖""北京市高等教育精品教材"。T 教授荣获北京市"教育先锋标兵""首都劳动奖章""国家民委突贡专家"等荣誉称号。

在创设教育类专业、开展人才培养工作方面，C 大学教育学院 Z 教授作为享受国务院政府特殊津贴的著名的教育学专家，扎根地区，承担恢复重建 C 大学教育系筹备工作，于 1981 年重建教育系并招收首届学校教育专业本科生。1983 年创建 C 大学教育科学研究所，并兼任所长。曾兼任省（自治区）高校民族语教材编审委员会教育与心理学科组组长。Z 教授不仅是该省（自治区）教育科学和心理科学的主要奠基人，是 C 大学教育系和教育科学研究所的主要创建人，也是发展与教育心理学和课程与教学论硕士学位授权点的主要创建人，为地区教育事业从事高层次人才培养奠定了扎实的基础。不仅如此，为了填补教育学、心理学民族语教材的空缺，满足学生学习教育学、心理学的需要，满足民族语授课的需要，Z 教授先后

---

① 李瑞琳，Hamish Coates. 我国大学社会服务职能发展：国际经验、现实问题与政策建议 [J]. 高校教育管理，2020，14（4）：96-106.

撰写出版了《心理学》(1981)、《儿童心理发展概论》(1981)、《心理学基本理论与教学工作》(1983)、《简明心理学词典》(1989)、《汉蒙对照心理学名词术语》(1989)、《学校心理学》(1994)、《教育学》(1996)等十余部在我国教育史上具有重要意义的教材、著作和专业工具书,为后期教育学科、心理学科民族语教材建设奠定了基础、做出了示范。Z教授作为《蒙古学百科全书》教育卷主编,专门组织领导和编纂"百科全书"工作,这部在教育历史上具有里程碑意义的《蒙古学百科全书》教育卷为我国教育学的发展做出了巨大的贡献,也为地区教育领域的人才培养奠定了坚实的基础。

(二)教育学和教育人类学领域学术研究成果显著

A大学教育学院专家学者主持完成多项国家社科基金项目重大、重点项目、教育部人文社科研究基地重大项目、国家自然科学基金项目、教育部教育重大项目、联合国教科文组织项目、福特会基金项目、国家民委人文社科项目、中央统战部委托项目等70多项,独著、主编、译著80多部。论著获"全国教育科研优秀成果一等奖""高校人文社科研究优秀成果一、二等奖"等40多项。在《教育研究》《民族研究》《心理学报》《光明日报》《人民日报》《英国教育研究》《亚太教育研究》、美国 *Chinese education and Society* 等国内外重要学术报刊上发表论文几百篇,多篇论文被《新华文摘》《中国社科文摘》《高校文科学术文摘》《人大复印报刊资料》等部分或全文转载,在中国知网、中文社科引文索引具有高频次引用率。其研究成果受到时任国家领导人的重要批示和《人民日报》等媒体的关注,为国家政策制定提供智库支持。

B大学的多位专家学者现任第二届全国教育专家委员会副主任和专家委员,教育部教学研究会常务理事,教育部教学评估专家组成员,国家民委学科专业设置委员会委员,国家民委"政府特殊津贴""突出贡献专家"评委等职。这些专家学者在《民族研究》《教育研究》《光明日报》(理论版)、《中国高等教育》《高校理论战线》等重要期刊发表几百篇论文，出版著作 50 余部，承担国家及省部级项目 30 多项，获得省部级以上奖励 30 多项。其中，参与国家民委重点科研项目《民族院校在我国民族高等教育中的地位和作用》，获国家民委科研一等奖；参与完成《实施"四创三学会"育人工程，提高民族大学生整体素质》教学科研成果项目，获得四川省政府教学成果一等奖。出版的《中国特色教育理论体系研究》一书对我国教育基本理论、政策与实践进行系统概括和科学总结，建构了与我国教育本质特征和发展规律相符合的理论形态和知识体系即中国特色教育理论体系。[①]对于丰富和完善我国教育学理论体系作出了重要贡献。

（三）进一步推进我国教育学和教育人类学学科建设

A 大学教育学院的专家学者不仅牵头创建了我国高校第一个教育学教学科研机构——教育研究所，建立了本硕博完整的教育学人才培养体系，还创办了我国第一个专业学术期刊《教育研究》，并建立了我国高校第一个教育人类学研究中心。T 教授主编的《教育人类学研究丛书》共 4 辑 48 部，该丛书是国内第一套该学科的学术系列成果。在他担任教育人类学专业委员会主任期间，第一届年会的召开标志着我国教育人类学学科独立地位的诞生和该学科组织化、制度化建设的重要推进。他在全国范围共搜集到 5 000 余册乡土教材，并进行系统研究，其中，文字教材 1 000 多册，收藏量为国内第一。

C 大学的 C 教授作为享受国务院政府特殊津贴专家，扎根我国地区，立足地区教育学学科的发展建设，同样作出了突出贡献。C 教授曾任 C 大学校长、党委书记等职务，并兼任中国心理学会理事、中国心理学会民族心理学专业委员会主任委员等学术职务，被国家教委、国务院学位委员会评为"作出突出贡献的中国硕士学位获得者"荣誉称号，并被授予"全国

---

① 肖李，国建文. 改革开放 40 年来教育理论研究重大成果回顾[J]. 中国教育，2018（11）：33-38.

先进工作者"荣誉称号，主持完成"中国多民族认知活动方式的跨文化研究""边境农牧区民族基础教育现状调查与对策研究"等多项国家社会科学基金项目以及全国教育科学规划国家级重点项目，发表一百多篇学术论文，并获得多项国家级、省（自治区、直辖市）级教学成果奖，也是该自治区第一位被中国心理学会认定的心理学家。C 教授主持的自治区高校重点科研项目"教育改革与发展研究"，坚持科学正确的教育观，指导并影响着我国教育实践活动的方向，为教育学学科的发展建设提供了理念依据。

二、以科学研究支撑国家战略，积极贡献教育智慧

（一）充分发挥智库专家咨询作用，为国家教育发展贡献智慧

A 大学教育学院专家学者们始终坚持科研服务国家发展的导向，多项研究成果为国家制定教育政策提供依据。其中《关于民族地区高等教育发展与人才培养的调研报告》受到中央领导高度重视，并获得国家领导人的重要批示。此外，部分教授多次参与全国政协、中央统战部、教育部、国家民委等部门组织的专家调研团，赴地区调研，所撰写的研究报告，多次得到国家部委领导的高度认可。其中《中国教育研究报告（2014—2015）》部分内容被《国务院关于加快发展教育的决定》2015（46 号）所采纳。

良好的舆论氛围是凝心聚力、铸牢中华民族共同体意识的重要保障。由于教育涉及到国家通用语言文字和民族语言文字、民族宗教信仰、民族与国家认同、受教权等多个敏感领域，受到国内外各界越来越多的关注，经常成为国外敌对势力攻击中国政府的借口。每个舆情话题处理不当，就可能在网络平台迅速发酵，引发严重的舆情危机。

近些年，受教育部教育发展中心的委托，A 大学教育学院的一位教授带领的研究团队承担了中国教育舆情研究的任务，组织校内外教育学、信息学、民族学等学科的专家，以全网监测为基础，该研究团队充分发挥团

队在教育学术研究方面的专业优势，首次将大数据技术应用到教育舆情研究，通过爬虫软件和自然语言分析技术，在百度、微信、微博、中国知网等网络平台进行了全网教育信息采集和处理，全面把握媒体、学术界和大众在教育领域的舆情特征，全面、准确和高效地获得了全国教育舆情信息。准确把握舆情发展变化走势，对热点舆情事件进行深度分析和专业研判，为政府准确、及时作出舆情预警和舆情回应提供了重要参照。自 2018 年起，该教授项目组每半年向教育部相关部委和国家民委提交一份 8 万～10 万字的教育舆情研究报告，真正践行了把科研成果"写在祖国大地上"的号召。团队撰写的舆情报告得到了教育部多位领导的重视并予以批示。

B 大学教育研究所所长承担完成了多项国家哲学社会科学基金重点、一般项目，教育部重大攻关项目和国家民委等省部级重点项目。合作或独立出版十余部著作，在《民族研究》《民族论坛》等期刊上发表论文 40 余篇。其担任副主编的《中国高等教育学》获全国第二届教育科学成果奖一等奖；《历史性跨越——教育超常规发展与民族地区发展研究》获第二届全国教育图书奖二等奖。这些都为我国教育事业的发展作出了突出贡献，充分发挥了智库专家的咨询作用。

（二）促进地区教育与社会发展，开展西部民族地区精准式教育扶贫

A 大学教育学院始终秉承科学研究立足地方、服务地方、奉献地方，积极促进地区社会经济和谐发展的理念。一方面，专家学者们积极承担完成多项国家社会科学基金重大、重点和一般课题，各部委和地方政府委托的重大课题和合作课题。自 2005 年以来，L 教授与教育学院的同事们一起组成"红绿青蓝"教育志愿者团队，对红军长征沿线革命老区和边疆的民族聚居区的贫困儿童进行了经济救助、心理救助和学业救助的立体式救助，取得了具有广泛社会影响的教育扶贫业绩。红取意为"红军革命传统"，绿取意为"人与自然和谐"，青蓝取自于"青出于蓝而胜于蓝"，意为：红军革命传统和人与自然和谐的理念落实于师生，且通过教育让学生胜过教

师，该爱心团队目前已达 500 余人。

三、积极搭建国际交流合作平台，助力教育国际化发展

A 大学教育学院始终坚持教育的国际化发展方向，依托学校积极搭建国际交流合作平台，陆续成立 A 大学多元文化教育研究中心、国家民委人文社科重点研究基地、国家民委"国别与区域研究中心"，组建了"新时代教育改革与发展研究创新团队"，并与国际多所知名院校建立了合作关系，如：英国伦敦大学学院教育学院、美国密歇根大学、加拿大英属哥伦比亚大学、澳大利亚悉尼大学、日本早稻田大学、芬兰赫尔辛基大学等，为中国教育发展搭建了开放、创新、合作、交流共赢的学术交流与合作的平台。在此基础上，A 大学教育学院与伦敦大学学院（UCL）教育学院国际教育历史研究中心于 2019 年联合举办了"国际视野下的教育：历史、理论、政策与实践"等系列高端学术会议。此外，依托国家交流合作平台，积极邀请国际顶尖教育学者到地区开展合作研究，多次邀请芬兰赫尔辛基大学 Frederic Dervin 教授、澳大利亚 Brain Denman 与伦敦大学学院教育学院 Gary James McCulloch 教授等人深入内蒙古、延边、青海、云南省等地开展实地调查研究，切实提高了中国教育国际化发展水平，为教育国际化发展起到了重要的带动和纽带作用。

A 大学教育学院始终坚持教育研究国际化道路，曾主持多项联合国课题"中国基础教育政策研究"、福特基金项目、日本东京都立大学联合课题"东亚地区在城市化过程中有关教育问题的中日比较研究"；并在国际顶级学术期刊 *Asia-Pacific Edu Res* 与 *NeuroQuantology* 上发表多篇高水平英文论文，在德国 Springer 出版社出版著作，积极宣传了中国教育好形象、扩大了中国教育的国际影响力，向国际社会传递了中国教育好声音。A 大学教育学院专家学者多次赴英国、美国、加拿大、澳大利亚、新西兰、日本、蒙古国、丹麦、挪威、瑞典等 20 多个国家讲学并开展学术交流，在国际重要学术会议上发表主旨报告。客观系统地讲述 1949 年以后在中国

共产党领导下中国教育与民族地区发生的翻天覆地的变化，及时纠正了西方学者对中国教育发展状况的误解，维护了中国教育在国际社会上的良好形象。

正是基于上述专家学者们的不懈努力与辛勤耕耘，我国的教育事业在改革开放 40 年来才取得了丰硕的成果，并在党和国家"双一流"战略规划下迎来了崭新的发展机遇。对于我国教育事业的贡献，其落脚点是教育学学科建设，对促进我国教育事业的发展具有重要的意义。其对于社会服务的贡献体现在创设教育学和教育人类学学科，推进人才培养与科学研究；以科学研究服务国家发展战略，在政府决策中发挥智库作用；参加和主办国际会议，向世界讲述中国教育故事等诸多方面。为积极打造教育学术共同体，并引领教育学术研究，多次举办大型国际国内重要学术会议，得到国内外学界的普遍认可。通过积极开展各种重要的学术活动，向国际社会讲好"中国教育故事"，贡献"中国智慧"和"中国方案"，从而充分展现了教育学学科建设的社会功能。

第五章　教育学学科建设的
基本经验与理论反思

教育学学科的建设和发展，一方面要把学科建设和地区的教育实践经验紧密结合起来，在"双一流"建设规划的目标指引下顺应时代潮流和社会发展需要，把握教育学学科发展的内在逻辑、规律以及关键要素；另一方面，也要及时进行经验总结，针对教育学学科建设和发展过程中出现的新问题、新情况有针对性地进行解决。同时，在学科建设中要善于学习和借鉴国内外其他高校在教育学学科建设上的成熟经验，凸显在教育学学科建设上的民族性特征，为其他在教育学学科建设上提供有效的经验借鉴。

第一节　基本经验

一、重视高水平师资队伍建设

百年大计，教育为本；教育大计，教师为本。教师作为学校教育教学发展的重要组成部分，在当下的发展时势中，起着越来越关键的作用，教师队伍的发展在教育学学科建设上也有着重要的意义和作用。

（一）引进与招聘高层次教育人才

当下，在学校硬件设施基本完善的前提下，教师队伍的结构和素质愈来愈成为教育教学质量提高的关键。一支结构合理、素质优良的教师队伍，是人才培养、科学研究的重要保障，决定着学科的整体地位以及未来发展。面对教育学学科建设中师资总量不足、专业结构失衡的现状，和校内各二级学院相关部门应重视教育学学科的教师队伍建设规划，明确提出关于师资队伍建设规模与结构、高层次人才培养与引进的具体目标任务。

在学校层面上，积极贯彻"人才强校"战略，通过实施人才计划，不断加大对教育学学科的政策倾斜和资金投入，提高引进人才的科研启动费和安家费，完善相关激励政策，逐步提高教育学学科高层次、高水平人才占教师队伍的比例，加大民汉兼通教师队伍的引进与培养力度，提升师资队伍建设的民族性特征，优化教师队伍结构。同时，强化学校人事处的职能行使，结合二级学院上报的人才招聘人数与专业需求，在学校官网或人才招聘网站上进行及时发布，对应聘人员做好初筛和后续的沟通、协调工作，协助二级学院做好人才的引进和招聘。目前，教育学学科师资队伍建设面临的主要问题是高层次人才的匮乏以及民汉兼通教师比例较低。这一方面导致教师队伍科研能力较弱，教学质量提升缓慢，另一方面限制了教育学学科培养民汉兼通人才的步伐。因此，在教师队伍人才招聘与引进方面，教育学学科应着眼于高层次人才与学科带头人的引进，并着重强调对民汉兼通教师队伍的优先考虑。

在二级学院层面上，教育学学科各教研室和相关部门要结合自身实际和学科未来发展目标，认真研究制定符合本单位实际的教师岗位设置及年度缺岗补充方案，有计划地招聘教师、引进高层次人才，重点补充生师比过高专业的专任教师。同时，充分发挥学院教师的主观能动性，通过多种途径和方式，积极向学院推荐水平高、经验丰富的兼职教师，不断充实教育学学科教师队伍。除此之外，还可以从其他高水平大学柔性引进兼职教授，使学院师资队伍建设逐步趋于合理，教师发展水平不断提高，对于进一步促进学科建设工作和提升科研水平奠定扎实的基础。

（二）加强教育师资职业发展规划

除了做好人才引进和招聘工作之外，教育学学科也需注重学院教师自身的培养，通过降低外出进修学习教师的校内工作量，保留相应的福利待遇，鼓励教师进行学历提升、企业挂职锻炼，不断优化教育学学科教师队伍结构。此外，为了充分利用教师资源，实现人才培养目标、保证教育教学质量，应鼓励学院实行教师资源共享，即在教育学学科内部，不同专业、教研室的教师在一定范围内实行交叉授课。尽管教育学学科内部不同学科之间的性质、任务、培养目标存在一定的差异性，但对于部分通识课而言，有着共通性，这就决定了教育学学科内部不同专业的教师在一定程度上可以实现教师资源共享，尤其是对于学院生师比较高的专业，这一做法有着积极的意义。

教师职业发展规划，即教师对自身职业的预期目标与成就的设想，也包括对自身成长阶段步骤以及现实条件的充分设计与考量。由于教师职业的特殊性以及教育教学的复杂性等现实，倒逼教师必须做好自身的职业发展规划。因此，无论是出于教师自身发展的现实需要，还是推进教育学学科建设和发展的考虑，学校和二级学院都应帮助教师尽快确立自身职业发展规划，引导教师在理性思考的基础上正确认识和剖析自己，使其能够始终沿着正确的专业道路前进。随着终身教育理念的不断深入和国家政策对教师培训工作的大力支持与帮扶，教师继续教育已成为各级各类学校教育中的常态工作。教师继续教育是教师专业发展的重要途径和方式，只有通过不断提升教师专业素质，才能更好地提升教育学学科建设的整体水平和质量。

从学校层面出发，通过岗前培训、青年教师导师制、课程助教制度、攻读学位的鼓励政策及教学工作表彰奖励活动等，鼓励和引导广大教师不断提高自己的教学能力和专业水平。各所都应重视教师发展中心的建设，除了负责日常的教师培训、教学评估和教学研究之外，还应承担起为教师职业生涯发展提供咨询、培训和交流学习的职能。针对教师发展中心运行过程中出现的问题，学校要进一步提高对教师职业发展与服务工作重要性的认识，明确和理顺教师发展中心、教务处、人事处等职能部门之间的工作职责，强化教师发展中心在教师职业发展与服务方面的工作职能，加大工作力度，制订详细的工作计划，建立起分类指导、分层培训的教师服务工作体系，充分发挥学校教师发展中心对于推进教育学学科教师专业发展的重要功能。学校可以通过制定"选拔培养优秀青年骨干教师实施办法"遴选二级学院优秀青年骨干教师，发挥其模范带头作用。为了进一步提升教师学历层次和专业素质，学校应鼓励教师主动提高学历层次、积极参加进修访学、并为教师参加各类学术会议创造条件。

从二级学院层面出发，为了进一步推动教育学学科教师的专业发展，充分认识到职业生涯发展及规划的重要性，明确自身发展的阶段性目标和最终目标，避免盲目性和职业倦怠的产生，各的教育学学科建设要重视教师尤其是新进教师的入职培训工作，指导新进教师做好职业生涯规划，增强职业意识，提高教育教学技能和教学水平，逐步建立起专业发展的自觉意识。为了更好、更快地提升青年教师的专业水平和素质，各教育学学科对新进教师开展的入职培训要突出特色，内容包括高等教育基本理论及专题讲座、教育事业发展的介绍、民族团结教育的重要性、观摩教学、教学技能实践训练及试讲等方面。在相关培训结束后，学校还应在教师素质、教育技术、教学设计及教学能力等方面继续进行跟踪指导，将青年教师在教育教学过程中出现的共性问题纳入后续的培训课程和方案中，建立起青年教师培养培训长效机制。针对青年教师在教育教学过程中出现的个性问题，学校和二级学院也应对其提供有针对性的建议和指导，帮助青年教师更好地处理教育教学实践问题，促进其专业发展。此外，学院还可以通过实施青年教师导师制，发挥导师对青年教师的传帮带作用。一方面使青年教师更快地熟悉学校相关规章制度，另一方面也能够密切青年教师与有经验的教师间的联系，加强教育学学科内部教师共同体建设。

为做好教师发展的咨询工作，教育学学科师资队伍建设应建立以教学名师、优秀主讲教师、示范课教师为主的咨询专家库。同时，通过建立教师校外培训基地，制订培训计划，定期对教师进行专项技能培训。除此之外，更要充分利用"民族院校教师教学发展联盟"优质资源，建立教学咨询与交流平台，为服务教师个性化发展提供良好环境。为凸显教育学学科特色，应加强双语教师的培训、进修、访学，强调民族语授课教师队伍的培养。一方面，可以从毕业生中选择优秀的、掌握民族语的毕业生充实到教师队伍当中。另一方面，鼓励并支持在职民族语授课教师攻读硕士、博士学位，逐步充实民族语授课师资力量，不断壮大民族语授课教师队伍，提高掌握民族语教师队伍教学科研水平。

（三）完善教师管理与评价体系

教育学学科的建设和发展离不开对教师的有效管理和科学评价。科学、有效、客观地管理和评价无论是从个体，还是从团体利益上考虑都有着重要的意义。从管理学的角度来说，科学的管理和评价更能够激发个人的工作积极性和团体效益。各教育学学科建设都应在学校相关制度的规定和要求下，不断加强对教师的管理，建立和完善相关的管理和评价体系，明确对教师在各方面的要求，有效调动学科建设中各主体的工作积极性，形成学科建设共同体。在教育学学科的建设过程中，各教育学院要围绕教师的教育教学、师德师风和职称评聘几方面展开对教师的管理和评价。

在教育教学方面，应要求教师在教学过程中严格执行教学大纲，围绕教学大纲开展各项教学活动。每学期开课前，依据教学大纲编写教学进度表，明确学时分配、教学方法、考核方式等，将理论讲授、实验、实习、讨论和社会调查等环节细化落实。在学期教育教学中，要结合教务处的教学检查，通过期中检查、院级督导听评课等多种方式对教师的教学质量进行及时把控，对教师在教育教学过程中出现的问题进行个别教育、全院学习。在学期末，除了要求教师、各部门做好期末各项常规工作以外，还要通过召开全院大会，认真听取各教师在本学期教育教学工作中的困惑和建议，及时分享经验教训，也可以集中讨论解决问题的办法，进而对本学期的各项工作进行总结和梳理，并做好下一学期的工作计划和安排，使各项工作有条不紊地展开。

在师德师风方面，作为为未来培养教育工作者的学科，教育学学科需要高度重视教师的师德师风建设工作，并把教师的师德师风建设作为教育教学工作和教育学学科建设的头等大事。教师可以在教学过程中，听取学生对于师德师风建设的看法，教育学院可以通过成立院级师德建设委员会，形成由学校、教师、学生和家长多方参与的师德师风监督体系，在教师管理和评价考核中实行"一票否决"制，强化学院教师对自身师德师风建设方面的重视程度。其次，为了了解教师师德师风的真实情况，学院还需要建立师德师风投诉举报平台，广泛听取批评建议，全面掌握师德师风信息动态，及时纠正不良倾向和问题。此外，定期组织教师进行师德师风专项学习，通过对中央、学校相关文件的学习，也可以不断提升教师对于师德师风建设的重要性认识。

在职称聘评方面，学校应注重发挥职称评聘制度和业绩评价体系对教师发展的导向作用，制定科学、合理、完善的绩效工资考核办法、教学与科研工作量考核办法、奖励办法、评审条件等规章制度，实施岗位分级聘任制度，不断完善教师的评价体系和考核机制，激发广大教师的工作积极性。为了避免教师在教育教学中出现重科研轻教学、忽视教学质量的情况，应在教师岗位聘任、年度考核、聘期考核和职称评聘中明确对教学工作量和教学质量的要求，对教授负责本科生教学工作给予明确规定。

二、强化服务教育事业的创新型人才培养

（一）优化教育教学资源

为了更好地保证教育学学科的教学质量，实现服务和地区教育事业人才培养的目标，加强教育学学科建设，要不断加大对教育学学科的教学经费投入，加强教学基础设施建设，不断改善教学条件和教学设施，提高各类实验室和实践教学基地的开放度和利用率。同时，根据地区社会需要、师生实践反馈不断优化人才培养方案，加强专业建设和课程建设，积极引入社会资源，使各类教学资源能够满足学科的人才培养需要。

1. 优先保障教学经费投入

学校应科学安排教育学院的年度预算，在坚持统筹安排、保证重点、量入为出、收支平衡的原则下，做到优先安排教学经费，并保证教学经费总量逐年增长。由学校统筹安排和使用各项教学经费，确保学院教学仪器设备购置费、图书购置费、教学维护费、教学建设专项经费、学科建设经费、学生活动经费、就业工作经费等逐年增加，为人才培养提供有力的经费保障。同时，不断加大对教育学学科教学改革的支持力度，结合地区教育事业发展的特殊性与重要性，建立经费支持教学改革的长效机制。

在经费使用上，要通过完善教学单位经费划拨及使用管理办法等规章制度，进一步规范教学经费的使用和管理。一是明确开支范围，确保专款专用；二是规范使用经费，严格审批制度，按照"事权和财权统一"的原则审核签批；三是建立监督机制，将教学经费使用情况列入二级学院领导班子审计范围，学校对年度教学经费投入使用情况进行监督、检查并公布检查结果，保证教学经费使用合理，提高使用绩效。此外，教育学学科也应利用自身具有特色的优势，积极寻求各级各类支持教育事业发展建设的专项资金，包括重点学科和重点实验室建设资金、高教专款等各类专项资

金，不断增加对教育学学科的经费投入，改善办学条件。

2. 不断完善教学设施配备

一方面，教育学学科依然要不断加强基础设施建设和改造力度，通过新建图书室、实验教学示范中心，购置教学科研仪器设备，拓展校外实践教育基地，改造、维修陈旧老化的教学设施等方式，使学校办学条件能够更好地满足办学需要。教育学院全部多媒体教室、普通教室、心理学实验室等除承担日常教学任务外，应全年对学生开放，满足学生自主学习的需要。另外，学校各类实验室、实训室、图书资料室、实验教学示范中心和分析测试中心也应对学生开放，保障民族语言图书的数量与质量，极大满足教育学学科学生的切实需要；另一方面，教育学学科应持续提升信息化建设，积极建设网络教学平台。通过引进在线教育科技公司研发的网络综合教学平台，建设混合式教学改革学生自主学习中心，开发民族语言文字教学平台。在学校的大力支持下，结合地区文化特色，逐步建成教育学学科多门网络资源课程、省级和校级精品课程。此外，教育学学科也要重视考试信息化建设，通过引进题库管理平台，建成电子题库，实现网络无纸化考试。

3. 及时调整人才培养方案

针对教育学学科目前在人才培养上存在的问题，教育学学科应在原有人才培养方案的基础上，广泛征求校内外专家和广大师生的意见，及时更新人才培养方案。特别是在"双一流"建设对人才培养提出全新要求的目标后，新版培养方案的制订要依据培养面向地区教育领域、具有国际视野和跨文化交往能力的高素质应用型、复合型、创新型人才的总目标，进一步明确教育学学科服务地区教育事业的办学方向，以知识、能力、素质协调发展为导向，进一步完善通识教育、学科教育、专业教育和实践教育等四个平台为支撑的人才培养体系，明确各专业人才培养目标定位。与原有的人才培养方案相比，新版人才培养方案应进一步完善、拓展学生自主学习空间，扩大学生自主选课的范围，发挥特色优势，促进个性化发展，并与时俱进地开设创新创业教育课程、新生研讨课程，强化创新创业教育。在人才培养的过程中，教育学学科可以充分借鉴 A 大学教育学院的培养原则和措施：第一，转变教育理念，健全保障机制，落实人才培养根本任务；第二，完善培养模式，优化课程体系，支撑培养目标有效达成；第三，改革教学方式，促进优势转化，推动教学水平持续提高；第四，加强教学信息化建设，促进信息技术与教育教学深度融合；第五，加强顶层设计，坚持统筹推进，将创新创业教育贯穿人才培养全过程；第六，完善以学生为中心的思想政治工作机制，构建学生成长成才支持服务体系。在上述原则的指导下，教育学学科要充分发挥自身优势特色，做好民族语授课课程与专业建设发展规划，把民族语授课课程与专业结构调整和民族语授课课程与专业建设作为教育学学科战略发展、学科建设及人才培养规划的重要内容和特色。具体来说，就是要根据不同的民族语授课课程与专业分别制定相应的建设方案，立足地区教育事业的发展，使民族语授课课程与专业建设落到实处，有所侧重。逐步形成一批不同层次的民族语授课精品课程和特色专业，凸显民族语授课课程和专业优势，不断满足社会经济发展对人才的需求。

4. 建设优质课程资源

教育学学科要依据学校制定的课程建设管理办法和方案、课程评估指标体系等建设标准，明确具有特色的课程建设思路、目标和任务以及学校教学指导委员会、教务处、教学单位所承担的主要职责。落实课程建设负责人制度，实行公开申报、分级立项、中期检查、期满考核的建设办法。同时，为各类立项建设课程提供充足经费，并根据不同课程质量提供有差别的建设经费支持，最大程度调动教师进行优质课程资源建设的积极性和主动性。

在教材选用上，依据学校制定的教材建设与教材管理规定，坚持"选优选新"的原则，优先选用面向 21 世纪国家规划教材。对学院教师的自编教材实行立项管理，杜绝劣质教材进入课堂，保证教育学学科的教学质量。此外，学院还应通过学校实施的"规划教材"立项建设工程，大力支持教育学学科教师积极编写特色教材，充分展现特色，设立教材建设专项经费，鼓励教师编写高质量、高水平特色教材，凸显教育学学科建设的自身特色。

（二）完善人才培养保障机制

教育学学科要始终把教学质量作为教育事业发展的生命线，规范质量标准，优化组织体系，健全管理制度，完善监控与评价措施，及时反馈质量信息，大力提升质量改进效果，形成机构健全、权责明确、科学规范、务实高效的教学质量保障机制。

首先，在质量标准建设方面，教育学学科要依据自身的办学定位和办学思路，围绕地区教育事业人才培养总体目标，根据地区社会需求、教育事业发展和专业发展特色，参照教育部各专业教学指导委员会制定的专业人才培养规范和标准，对标师范类专业认证标准，制定适用于服务地区教育事业发展建设的专业人才培养方案，对课程设置、学时学分、实验、实习、毕业论文（设计）等做出明确规定，并结合教育事业的发展特色根据校内外专家意见以及师生反馈信息对人才培养方案进行适时调整。在课程和教学质量标准建设上，实行课程负责人制，按照合格课程、优秀课程和精品课程三个层次分别制定建设标准，对申报条件、建设目标、建设管理、经费使用、奖励激励等做出明确规定。同时，不断建立健全教学行为规范，制定课堂教学、实践教学、考试考核、毕业论文（设计）、档案管理等一系列质量标准。

其次，在质量保障模式建构方面，教育学学科要围绕人才培养目标，依据多年的办学实践，建立由学校教学指导委员会领导、教学单位组织实施、教研室具体落实的三级教学质量保障管理机制，形成以教学决策系统、过程管理系统、信息反馈系统和质量改进系统为框架，以组织建设、制度建设、质量标准和条件建设为保障，以教学检查评估为抓手的教学质量运行体系，实现全员参与、全方位保障、全过程监控和持续改进的教学质量保障效果。

再次，在组织与制度建设方面，教育学学科要确保教学质量保障工作的有序开展和落实到位，建立较为完备的教学质量保障组织机构，并明确职责分工。依据本校教学指导委员会工作条例的要求，成立教育学院教学指导委员会，由相关职能部门和教育学院负责人组成，主要负责教学工作的指导评估与咨询服务、教学质量保障体系的建设与实施，履行教学质量监督与保障的职能。为了保证教学质量，教育学学科还需要加大教学督导委员会的工作力度，负责教学工作监督、检查、评估和指导，严格教师课堂教学质量评价标准，保证国家有关教育方针、政策、法规和学校教学规章制度的贯彻执行。教育学院在学校教学督导委员会的基础上可建立教学督导工作组，更加有效地保障自身的教学质量。在学校组织进行常规教学检查的过程中，要形成校院两级配合的模式，以及涵盖期初、期中和期末三段式全学程的教学检查制度。为加强教学督导，教育学学科可以完善听课评课的工作制度，设立听课月，保证听课活动不间断地进行。从院领导、教研室主任到教师，开展不同形式的听课评课活动。杜绝"只督不导"现象，通过反馈听课和评课意见，交流经验，鼓励教师发扬优势，克服不足，进而促进课堂教学质量的提高。

最后，教学质量的保障离不开专业管理队伍的建设。为了保证教学质量，教育学院可以成立由院长领导，教学副院长负责，教学秘书及学院部分中高级职称教师构成，职称、学历、年龄结构合理，人员稳定的教学管理委员会，负责学院整体教学质量的管理和监督。此外，也要重视教学质量管理人员业务能力的培养，在不影响整体教学进度和安排的前提下，适时选派教学质量管理人员到国内外高校进行进修、学习和考察。定期召开院级教学管理培训会，一方面深入学习教学管理制度和相关知识，另一方面对学院内部近期教学管理过程中出现的问题进行总结，不断提高教学管理水平和质量。通过教学质量管理，可以提升广大教师和各级教学管理人员的质量意识，加强二级学院与学校各部门协同配合和各环节的教学质量管理，有效控制教学过程中影响教学质量的各种因素，形成全员保障教学的强大合力，为提升和保障教育学学科教师整体教学质量奠定坚实的基础。

此外，要不断强化教学管理与督导，可以通过配备专业化教学质量管理队伍，统筹全校质量保障工作，建立校院两级教学委员会和教学督导组，充分发挥学院在教学质量保障中的主体作用，采用监督与指导相结合的方式，实现"督"与"导"互动互促，建立督导帮扶机制，从而保证整体的教学质量。

（三）健全人才评价体系

在评价方面，基本均已成立了教学审核评估工作组，并由主管教学的校领导负责，由教师发展中心、教务处、学校办公室、人事处、学生处等部门协同配合，共同参与评估工作。要完善质量评价保障体系，可以实行管办评分离的方式，构建宏观、中观和微观的评价模式。宏观模式即建立校级教育质量监测数据平台；中观模式即以提高专业建设质量为核心，开展专业认证、评估工作；微观模式即建立学情调查平台，在学期初、学期中、学期末开展关于教学情况及学生学习情况的调查，帮助师生及教学管理人员检验教学效果，进行教学反思，提高教学质量。在对教育学学科所有任课教师进行教学质量评价时，应包括专家评价、同行评价和学生评价。广泛听取学生对学院教学管理工作的意见和建议，及时反馈学生对教师课堂教学的意见，帮助教师发扬长处，积累经验，提高教学质量。对评价优秀的教师予以相应奖励，对评价不合格的教师，在由学院领导充分了解该教师具体情况的基础上，如确实是自身专业素质较低所致，暂停上课，并安排学习培训，并将教师教学质量评价结果作为教师职称评聘、岗位聘任和工作考核的主要依据。

为了充分体现学生在教学过程中的主体性地位，教育学院还可以依据学校学生教学信息员管理办法，成立学生教学信息中心，以反馈课堂教学和教学各环节运行信息为主要工作，对存在的问题及时提出意见和建议。这样的平台可以充分发挥学生的监督作用，让学生积极参与教学管理，强化自我管理和自我教育，对学校及时掌握教学运行状态信息，有效监控日常教学运行发挥积极的作用。同时，应将文化融入课堂教学作为考查因素纳入教学评价指标设立之中。在教学质量管理队伍建设方面，教育学学科应坚持"学生中心、产出导向、持续改进"的质量保障理念，吸纳在校生、毕业生、社会用人单位参与教学评价，逐步健全多元评价机制。

三、深化交流融合的民族特色科研平台建设

（一）协调教学与科研的关系

面对当下中普遍存在的重科研轻教学的问题，不少专家、学者对此提出了诟病。实际上，无论是对于教师素养提升，还是教育学学科整体建设，教学和科研两个方面都是缺一不可的。教育学学科的建设和发展必须正确处理好教学与科研的关系，二者是相互联系、不可分割的统一整体。教学为科研提供实例和范本，科研为教学提供理论支撑和依据，没有科研作为支撑，其教学仅仅是浮在表面的教学，缺少"灵魂"。因而，在教育学学科建设过程中，要避免只抓科研、单纯以科研工作来评价学科建设水平的问题，重视科研的教育意义，以科研促进教学，以科研反哺教学，共同推动教育学学科整体建设。

首先，为了保证教育学学科的教育教学质量水平，应要求广大教师认真履行教书育人的职责，将主要精力投入到教学工作中，应把教授承担本科教学任务作为一项基本制度严格执行，确保教授为本科生授课的平均比例。教师在职称评审、年度考核、聘期考核时都要考虑为本科生授课的教

学工作量要求。为了充分发挥每一名教师的积极性和主动性，教育学学科应定期开展教研活动，研究教学方法，组织观摩教学，鼓励教师参与制定人才培养方案、专业发展规划、课程建设规划和教材建设规划，并将教学研究活动的开展情况进行详细记录。同时，在教研室专项评估中，把教学科研活动的开展情况作为评价教研室工作的重要观测点。除了要求各教研室积极开展教学科研活动之外，教师发展中心和教务处还要主动为教育学学科教师队伍的教学研究和改革提供培训、观摩和互相交流学习等多种形式的服务。通过面向新进教师开展优秀教师观摩课、举办专题讲座、开展送培训到学院、组织教学沙龙等活动，有效推进不同学科之间的教师互相学习、互相借鉴、共同提高。

为了更好地适应当下课堂教学改革的要求，拓宽科学研究领域，教育学学科应投入专项资金，积极鼓励教师参与教学改革和教学研究活动，鼓励教师申报各级各类教学研究课题，把教研项目和论文作为职称评聘的必备条件之一，并通过先设计后实施、先试点再推广的办法，逐步推进课堂教学改革，并定期召开经验总结交流会，对试点过程中出现的问题和成熟经验进行归纳总结，为后续的课堂教学改革奠定良好基础，提升教育学学科教师参与教学改革和研究的积极性，以教学研究推动科学研究。

其次，在抓好教学研究工作、保证教学质量的同时，要投入大量教育经费用于教育学学科的科研工作。通过每年的校级科研项目吸引大量教师积极参与，并鼓励老教师、高水平教师在科研项目申报中适当融入新生力量，做好传帮带工作。在具体项目申报中，要鼓励科研项目申报与自身教育教学实践相结合，凸显教育学学科的特色与发展优势。此外，在二级学院层面，由主管科研的院领导主抓科研工作，除常规工作外，还要负责整理和通报校级、市级、省级、国家级以及其他机构的科研项目申报时间和相关事宜，并做好相应的上报工作。为了切实提高教育学学科教师的科研水平和能力，教育学院应由院长牵头、主管科研副院长负责，成立院级学术委员会和科研小组，定期组织由教育学学科内部有相关经验的、高水平的教授进行交流研讨会。在各级科研项目申报过程中，由学术委员会成员事先对教师的项目申报书进行审查并给出具体修改意见，帮助青年教师在科研方面快速成长。为规范和加强学校教师科研工作和能力，应要求各二级学院成立学术委员会。学术委员会的主要职能是负责指导青年教师学术能力、研究能力的提升，培养学术人才，帮助院领导设计教育学学科的科研规划，鉴定教师的科研成果，负责职称的评定工作。此外，为强化科研政策导向，应实施一系列激励措施，加大对重大科技成果、项目的奖励力度和范围，有效促进重大科技成果的产生，逐步形成尊重知识尊重人才的科研环境，激发科研创新活力，净化学术风气，营造积极氛围。

（二）展现民族特色的科学研究与社会服务功能

科研平台的建设体现了科学研究的水平。通过科研平台进行学术交流可以弥补教育教学过程中存在的不足，拓宽学术研究的视野。"双一流"背景下教育学学科科研平台建设已经成为学科建设的重要因素，具有鲜明特色的科研平台可以发挥教育学学科的独特优势，凝聚科学研究方向，避免因研究内容相似，缺乏自身特色，无法形成研究合力。科研平台建设为学术交流的互动性、学术活动的交叉渗透提供支持，同时也整合了地区教育事业发展与教育工作的各级各类资源，形成研究的学科群优势。借助科研平台提供的交流机会，激发教师队伍的创新意识与科学研究的进取心，并潜移默化地影响着学生学术思维的开发，为学生的教育实训搭建良好的平台。

教育学学科的科研平台建设应与地区教育领域相关机构建立合作机制，不仅可以为人才培养创造实践、实习的机会，还可以通过一线教育教学工作面临的实际问题为教师的科学研究提供案例与数据。教育学学科的科研平台要实现可持续发展，科学研究活动的交叉、融合是必经之路，高层次领军人才是发展动力，优秀文化的挖掘是特色发展优势，助力地区教育事业发展是根本目的。首先，学术交流活动可以为教师队伍创造思想启发的机会，在交流过程中聚焦、完善科学研究的思路。近些年来，A、B两所大学教育学院开展的数十场国际、国内学术会议，汇集了众多教育研究顶尖级专家学者，促成了多项学术合作与共建项目，引领了我国教育学学科科学研究的方向，提升了教育学科学研究的水平。其次，高层次领军人才在科研平台建设中的重要作用体现在学术敏感性和学科前沿研究动态的把握。教育学学科经过数十年的发展，涌现出了一大批在教育研究领域有重要影响的专家学者，这些高层次领军人才在开拓教育科学研究领域，引领教育创新发展等方面作出了重要的贡献。最后，科研平台建设助力地区教育事业发展在新时期的重要使命是新型智库建设。"双一流"建设规划对新时期大学建设提出了打造高校智库的目标要求。教育学学科立足地区教育事业发展实际，解决群体和地区的教育问题，需要依托科学研究的发展加快智库建设。结合高校智库建设关于解决问题、引导舆论、储备人才等的职能，教育学学科的科研平台建设应围绕最新地区教育问题展开研究，进行理论创新、融合文化提供学术咨询，促进地区教育事业顺利发展。高校智库在人才储备、学术氛围、合作交流等方面的优势，使其具有更加全面的社会服务功能。教育学学科的智库更是地区制定教育政策、发展规划、舆论导向的重要依据，对促进民族团结教育具有重要意义。

四、弘扬优秀民族文化助力教育事业文化革新

（一）隐性课程与开放的民族文化氛围

学科建设的发展离不开开放、浓厚的文化氛围，这一点在中显得尤为重要。在中，各学生的数量远远多于国内其他普通高校，以 C 大学为例，教育科学学院学生中，学生几乎占学生人数的一半，这部分学生涵盖了蒙古族、满族、朝鲜族、白族、布依族、藏族、达斡尔族、鄂伦春族、俄罗斯族等 30 多个民族。在民族融合和多元文化相互交流、碰撞的时代背景下，学生比例高对于教育学学科建设和发展而言，既是挑战，也是形成自

身特色的重要机遇。因此，更好地促进不同民族学生之间的交流，提升各民族学生对自身、教育学学科、学校的认同，也是教育学学科建设中的重要工作和任务。

在新的时代背景下，应开展"走下网络、走出宿舍、走向操场"的校园文化活动，举办文化节、艺术节、社团节等，还可以通过举办学科竞赛、文化素质类讲座、学术讲座、文体竞赛、艺术鉴赏类活动、读书类活动、文艺演出等方式，营造开放的文化氛围，既可以丰富校园文化生活，也能促进学生的全面发展。的教育学院还可以结合教育学学科特色，让不同民族的学生将本民族的文化通过课堂讲授的方式进行宣传介绍。同时，还可以定期开展"民族团结进步教育活动月"系列活动，加强各民族学生之间的相互了解、理解和包容，增强各族学生的凝聚力和向心力。除此之外，学院还应鼓励各学生成立社团，定期在全校范围内组织社团活动，邀请学院教师和其他民族学生参加，给予不同民族学生充分展示自身民族特色的机会，增强不同民族学生间的相互理解以及对不同民族文化的认同。

教育学学科营造开放的民族文化氛围的落脚点是文化的育人功能，集中体现于课程建设。课程与文化的双向选择既决定了哪些优秀文化应该被纳入课程建设的内容，同时，优秀文化的不同类型又会对课程建设的方式产生影响。教育学学科的生源来自各个地区，拥有不同的民族文化背景，要做到各民族文化和谐发展，隐性课程探索是十分重要的途径。由于隐性课程是在潜移默化中增进学生之间的交流，渗透于学习、生活的各个方面，因此其影响是广泛且深远的。以 A 大学教育学院为例，来自不同民族的学生汇聚一堂，将不同的民族文化带入校园之中，形成了独特的校园文化氛围。因此，的隐性课程在教育科学知识、民族心理、民俗活动等方面对学生产生的影响是复杂且深远的，营造开放的民族文化氛围是教育学学科文化建设的重要方面。

（二）优秀民族文化和谐健康发展

是民族文化传承的主要阵地。教育学学科在整合、传播民族文化的过程中，发挥了重要的作用，教育与文化二者有着密切的关系。教育的文化功能在于传承、创新文化，反过来，文化的传承内容是由教育来选择和筛选的。作为文化的重要组成部分，教育承担着重要的角色和任务，是传承和创新文化的重要途径和载体。同样，文化作为社会民众长期积累的智慧结晶，深刻影响着教育内容、教育观念和教育行为方式。不同民族、不同地域之间，由于文化的不同，其在教育领域的表现也大不相同。在教育学学科建设过程中，文化是底蕴，影响和决定了学科建设的走向和趋势，发挥"文化力"在学科建设中的重要作用，是教育学学科建设中需要重点把握的事项。

教育肩负着传承与创新优秀民族文化的任务，优秀民族文化的传承与创新对于促进地区经济社会发展、凸显特色方面具有重要的意义。尤其是为地区培养未来从事教育工作人才的教育学学科而言，对于不同地域文化的传承和创新有着更加积极的影响。教育学学科可以面向全校不同专业的学生开设民族语言、文化等课程，广泛开展学术交流、科学研究、人才培养，助力文化传承创新，呈现出品牌化的特点。学校成立的民族研究院，创办的专业期刊以及每年定期召开的教育和文化论坛，都为教育学学科的理论研究和改革实践以及优秀民族文化传承创新提供了机遇和平台。伴随着教育事业的发展，我国教育学学科在文化传承方面已经取得了不少成绩，为优秀民族文化的创新提供了广阔的发展平台。各民族语言文字、民俗风情等都得以发扬与传播。同时也应注意到，在市场经济高速发展的冲击下，教育学学科的文化传承也面临诸多挑战，例如如何整合优秀民族文化使之适应地区政治、经济、社会的发展现状，同时又使学生在今后从事与教育相关的工作之中，既能肩负优秀民族文化传承的使命与责任，又具有跨文化理解与认知的能力，既拥有积极的民族认同感，又能融入社会的大环境之中，推动民族团结教育。

各教育学学科的文化建设都应从自身特色出发，鼓励教师深入地区进行文化发掘和研究，并将已有的研究成果和发现带入课堂，与其他研究者和学生展开交流，在不断提升教师科研水平和能力的同时，发挥教育学学科对地区文化传承和创新的重要作用，为优秀民族文化的传承和创新积淀力量。

第二节　机遇与挑战

一、面临的机遇

（一）对教育事业的普遍关注

随着现代科学技术革命和知识经济的推动，教育作为文化软实力的重要组成部分，越来越成为国家之间综合实力竞争的重要内容和筹码。世界各国出于高校自身发展、教育科学理论的需要，以及教育学学科对社会政治、经济等方面能动作用的考虑，教育领域已成为世界各国普遍关注的重要领域。就高校而言，世界许多高水平大学都相继成立了教育研究院和研究机构，开展科学研究，培养高水平、高层次的教育专门人才、教育管理、学科教学以及理论研究人才，在凸显教育学学科自身特色的基础上，发挥教育学学科对于本国教育事业和社会政治、经济发展的独特价值。

在全球化的影响下，世界各国除了注重本国的教育研究、学科建设和发展以外，也不断加强与世界其他各国的交流、沟通与合作。通过定期组织和召开教育交流研讨会，以项目的形式开展国际教育合作，共同探讨和交流各国在教育学学科发展过程中面临的共同性问题，不断推进教育事业向前发展。我国作为世界上的教育大国和人口大国，在长期的发展过程中，积累和保留了许多优良的教育文化传统和经验，同时也面临着教育发展的多重问题。为了不断推进我国教育事业和教育学学科研究的发展，近年来不断加大对教育事业的财力、物力、人力投入，加强与世界其他各国在教育领域的交流与合作，为我国高校，包括在内的教育学学科建设和发展提供了良好的外部环境和发展契机。这就要求我国教育主管部门和高校，充分结合我国以及学校自身的教育学学科发展现状，积极学习和借鉴世界先进国家教育学学科建设经验，去粗取精、去伪存真，在保留教育学学科传统特色优势的基础上，推进教育学学科的建设和发展。

我国是统一的多民族国家，教育事业的发展建设是我国由高等教育大国向高等教育强国迈进的重要方面。回顾新中国成立 70 年来我国教育事业的发展，党和国家始终高度重视教育对发展地区经济、培养人才、弘扬优秀民族文化铸牢中华民族共同体意识的建设。新时期，在党和国家一如既往的政策支持、经济保障、文化关怀的基础上，教育事业依托"双一流"建设规划，迎来了难得的发展机遇。因此，集中力量发展教育事业是新时期建设的重要使命与任务。

（二）高质量发展需求

"双一流"建设作为国家重大战略决策为进一步提升我国教育综合实力和国际竞争力提供了重要的发展契机。为了能够在国际和国内教育领域的竞争中获取更多优势、占据有利地位，各对标一流建设标准，着力推进优势学科建设。教育学学科作为与高校科学发展和管理关系最为密切的学科，是跨入世界一流大学行列的重要支撑和持久动力。

一方面，加强教育学学科建设，不断推进教育科学研究，有利于推进教育思想观念的转变。实际上，学科建设以及学校发展质量如何，很大程度上取决于教育管理者和决策者的教育思想观念。面对激烈的教育竞争和教育本身所具有的复杂性特征，只有通过教育学学科的发展及教育研究的不断推进，才能引发教育管理者和决策者对教育的深入思考，深刻把握教育发展的内在规律，真正使决策者和管理者树立起科学、先进的教育理念，实现高校自身的跨越式发展。落实科学发展观，坚持高水平建设方针，不仅是社会发展需求、地区发展需求，更是自身发展的需求。"双一流"建设规划对于一流大学建设的目标促进了对于高质量、高层次教育发展的理念与规划。

　　另一方面，加强教育学学科建设，也有利于提高高校管理水平和办学效益。教育学学科的根本任务就是以教育教学改革和发展中的理论和实践问题为研究对象，并有针对性地提出先进理念和科学方法，这些教育科学研究成果势必会影响到高校的管理方式和办学理念，而高校的教育管理和办学效益，对于实现学校整体发展又有着重要的意义。因此，出于教育学学科建设对高校自身未来发展的重要性考虑，高校应重视教育学学科建设和教育研究，通过多种途径和方式扶持教育学学科建设和发展，为学科建设营造了良好的氛围和发展契机。的发展步伐与当地社会、经济、文化的发展建设密切相关，反映了地区的社会发展程度与需求，是建设和谐社会、推动地区经济社会发展的关键环节。建立科学合理的学科建设规划目标是教育学学科实现高质量发展的必经之路与关键环节。教育学学科建设作为具有重要功能定位的发展因素，不仅在综合性大学发展中被纳入学校发展整体规划，而且是学术治理结构的重要组成部分。走高水平发展路径需要借鉴普通高校的发展经验，充分重视教育学学科的内涵，支撑的人才培养工作。国内一些的教育学学科发展，例如 A 大学教育学院，经过长期的探索与实践，积累了丰富的经验，不仅形成了自身的学科特色与发展优势，而且对地区师范大学的发展建设也起到了引导与模范带头作用。D 大学教育学院就曾多次与 A 大学教育学院合作，在 A 大学共享资源下举办学术会议，进行学术交流，促进了教育学学科与学校整体的发展。

（三）教育学学科的民族文化积淀

　　自人类产生之日起，便有了教育活动，尽管当时的教育活动还没有形成规范性指导，也没有形成系统的教育科学理论，但无疑都是当时社会历史发展水平的反映，也为后世的教育科学发展提供了经验基础。自 1806 年赫尔巴特的《普通教育学》诞生，标志着教育学成为一门独立的学科存在之日起，教育学学科的发展已经有两百多年的历史。在这两百多年的历史发展过程中，教育学学科从理论到实践都获得了长足的发展，涌现出了众多优秀的教育家和研究者，也吸引着一代又一代的人们从事教育实践工作和研究工作。他们致力于改变当前教育发展现状，深刻把握教育学学科内在发展规律，并结合科学的教育理念开展教育实验，形成了众多有地域特色、民族文化特色的教育模式和教育理念。

随着教育学学科的不断发展，各国对于教育领域的重视程度不断提升，多年来，各国政府通过出台各类教育政策和法规、成立专门的教育研究机构等方式，强调和凸显教育学学科的重要地位。结合地区、拥有优秀文化背景的优势，注重自身教育学学科的研究和发展，形成了独特的教育学学科特色，有着良好的教育学学科发展氛围、先进的管理理念。深厚的文化积淀为教育学学科发展提供了广阔的科学研究领域，形成了独特的人才培养模式，虽然教育学学科在成为一门独立学科之前依附于其他学科存在，但是这也为教育学学科在日后发展中能够利用其他学科的理论和视角阐述和解释教育学学科领域内的相关问题提供了经验基础和现实依据。此后，为了进一步推动教育学学科的建设和发展，研究者非常注重对教育学学科与其他学科的交叉研究，以新的视角来研究和探讨教育发展规律、解决教育问题，这就形成了众多如教育心理学、教育社会学、教育生态学等众多交叉学科，这些都为教育学学科的进一步发展提供了充足的先进教育理念和学科基础。

此外，尽管随着科学技术的发展，人工智能已经在众多领域展现出人类不可比拟的优势，部分学科在自身的发展过程中逐渐由盛转衰，甚至消失在历史长河中。但对于教育学学科而言，不论人工智能发展到何种程度，其始终不能取代教育活动对于人的发展产生的独特作用，始终伴随和关系着人与社会的发展。对于优秀民族文化的发掘与利用都是基于对人类发展历史的尊重。我国56个民族的传统文化都积淀了丰富的经验,"读史使人明智",对文化的吸收与借鉴是对优秀传统文化中教育功能的延伸与再生,是对中华民族文化精髓的提炼与弘扬。对教育学学科这一重要地位的认识和理解,为教育学学科的发展提供了重要的机遇和依据。

二、迎接的挑战

(一)制度供给与创新能力不均衡,观念落后

1. 规划与布局的改革措施滞后

教育学学科建设规划改革涉及人才培养、科研创新、社会服务与文化传承几个方面。在"双一流"建设规划的指导下,教育学学科要顺应社会发展需求,结合地区发展实际,及时调整目标规划与建设路径。然而教育学学科的创新型、应用型人才培养水平不高,协同科研创新规划不完善,社会服务范围狭窄,民族文化传承工作系统性不强等现实问题,是新时期学科规划面临的挑战。

教育学学科创新型、应用型人才的培养规划不仅面对和普通高校相同的任务与责任,而且还要充分结合学生与地区的发展实际,并肩负着民族团结教育的使命。因此,在教育学学科规划与布局的改革措施中涉及更多考量与把握。既要考虑地区社会发展需求,又要结合自身发展能力,在一定程度上影响了教育学学科的专业规划,存在着改革措施滞后的问题,这不仅限制了教育学学科的竞争力,而且制约了教育学学科解决地区教育领域发展问题的能力。

另外,在专业布局方面,教育学学科要形成发展优势,需要对专业发展做好前瞻性考虑,凝练发展方向,集中优势力量。然而,部分的教育学学科专业布局存在发展趋势的前瞻性考虑不足、没有充分发挥特色优势的

问题，部分专业建设不完善，对专业的调整不灵活，限制了学科整体发展水平。由于专业布局要充分考虑专业之间相互配合、协调发展的问题，因此，学科改革措施的滞后也会导致专业布局调整不及时，影响学科内部各专业的协同发展。

2. 管理体制改革观念落后

教育学学科在新时期的发展建设中，管理者对"双一流"建设思想的认识与解读是十分重要的。管理者思想的局限性将导致教育学学科的管理出现系统化、制度化建设不到位的问题，使得学科建设过程中很难找到新的突破点和增长点，具体表现在：一流学科数量明显偏少，基础学科优势不牢，应用学科发展不足，交叉融合不够，缺乏学科高峰，学科实力水平亟待提升，学科特色和优势不显著，难以体现不可替代性，学科方向不稳定，存在临时拼凑现象，研究方向与人才培养方向严重脱节，甚至是"两张皮"。马克思主义强调，事物是多种矛盾的集合体，在众多的矛盾中又有主次之分，主要矛盾对事物的发展起着决定作用，处于支配地位。因此，在事物发展变化的过程中，要有重点和非重点之分，善于抓住主要矛盾和矛盾的主要方面，才能推动事物实现跨越式发展。落后的管理理念使得的教育学学科发展难以形成明显的比较优势，陷入一种盲目发展和无序发展的窘境，只能被动适应社会发展。面对地区高等教育管理体制改革的挑战，无论是宏观层面地区政府职能的发挥，还是微观层面高校内部管理职责的分配，都提出了治理体系与治理能力现代化的客观要求。国内外高校的学科建设和发展经验告诉我们，学科建设并不意味着学科内部各专业的同步、同等发展，而是要根据地域特色、学校类型、学科基础，选择和制定不同于其他高校同一学科的办学定位，做到"人无我有、人有我优"。因此，教育学学科的建设和发展首先应该明确其学科办学定位，以优势、特色促发展。

3. 评价机制有待完善

教师的考核和评价是教师管理工作的重要方面。科学、合理的考核评价体系能够有效调动教师工作积极性，引导教师树立正确的教育教学观念，保证人才培养质量，进而推动教育学学科的整体建设和发展。但在全球化背景下，多种价值观念不断碰撞和交流，部分大众在这一过程中逐渐形成了一种过分物化的价值观念，这种过分物化的价值观，使得人们在评价事物的过程中更加强调那些直观的、显而易见的结果，因而在教师教学考核评价体系中也普遍存在着重数量轻质量的形式化倾向。在教师考核指标体系中，尽管涉及包括教师完成基本授课时数、完成学院及教研室工作任务安排、指导学生参与学科竞赛、拓展校外教育实习基地等多个方面，但评价标准几乎围绕有无以及完成数量多少展开，对完成质量则不作过多要求和考核。此外，由于部分大学教育学专业生师比过高，导致教师教学工作量大，教学任务重，对学生的专业发展、自主学习、答疑解惑指导不够。而且，教师在完成自身教学任务的基础上，还需承担大量额外的非教学任务，使得教师在提高课堂教学质量上的精力投入不足。此外，教育学学科对于传承优秀民族文化要求的执行程度很难统计并纳入评价考核指标，尽管为了保证教学质量，建立了教学督导制度，由教务处和教育学院联合定期、不定期对教师进行听课、评课，但在具体执行过程中不免产生形式化的倾向，督导力度不足，难以起到提高教学质量、实施教师评价的效果。

在教师职称评审方面，现行职称评审条件更加注重对科研业绩的要求，而教学业绩只需完成相应职称对授课时数的要求即可，对教学质量则没有更多要求，这在无形中也向教师传达了"科研重于教学"的含义。与教学业绩相比，科研业绩成果更易于量化，更容易在短期内实现，部分教师为了晋升职称，将更多的精力放在科研上，没有全身心投入教学工作，导致"重科研轻教学"的现象，与优秀文化结合的教研项目数量有待提升，对于地处地区文化优势的利用与挖掘也不充分。

为保证新晋教师的教育教学质量，相关部门集中主要精力通过培训、听课、评课、教学督导等多种途径和方式对新进教师的授课质量进行考核、评价，但在很大程度上忽视了对其他教师的培训工作和教育教学质量的考核，在考核评价的过程中大多实行人情化管理，使得部分教师的教学质量意识和授课质量逐渐下降，即使存在学生评教这一环节，也大多走向形式化，这不仅降低了人才培养的质量，也制约着教育学学科建设的进一步发展。

（二）知识体系建设存在差距，发展局限

1. 专业建设能力差距较大

学科的办学定位规定了学校教育教学的目标和内容，也指引着学科建设的方向，是学科建设和发展的前提。学科办学定位，与学科所在地域的各类社会资源、社会发展对人才的需求和所在学校的类型、师资特色、科研力量等方面密切相关。由于国家和社会公众对教育事业的逐步重视，加上教育机构等用人部门对于教师的迫切需求，各个高校都在加强教育学学科相关专业的建设和申请工作。随着当今社会的不断发展，用人单位和部门更加强调学生的实践能力，从现实来看，中小学更多地希望自己所招聘的教师能够在进入学校后直接从事相应的教学和管理工作。因此，无论是公办高校还是民办高校，都在课程设置和安排上增加了实践教学环节的比例，以促进学生教育教学实践能力的培养。但不同在教育学学科的专业建设能力方面存在较大差距，导致专业建设水平参差不齐。

由于不同办学理念存在差异，在人才培养方面的定位各有不同，因此，教育学学科专业培养目标与设置也存在较大差别。侧重于高端人才培养的教育学学科，更加重视研究生阶段的专业设置，本科专业较少。一些民族地区面向中小学教师队伍人才培养的则欠缺研究生阶段的专业设置。这也

是由于不同教育学学科社会服务的定位有所不同导致的。随着专业设置的差距不断变大，对人才培养方案中通识教育的影响虽然不大，但是对于专业教育与实践教育的影响十分明显。主要体现在注重高层次研究型教育学学科的人才培养与注重实践教学能力的人才培养在进行交流学习与经验借鉴方面的效果不明显。

专业设置存在差距直接影响着教育学学科的招生与就业。对于地区的学生而言，追求高质量的教育机会，通过努力学习改变命运、获得更多发展机遇的观念比较牢固。但是专业建设能力的差距导致不同教育学学科的人才培养水平也出现差距，一些基础薄弱、发展较慢的专业受到冷落，不仅面临招生的困难，而且也存在就业的问题。招生与就业通常被置于一体同时进行讨论是由于两者相辅相成、相互影响的关系。拥有较强建设能力的专业不乏高质量的生源，就业率也相对稳定，在获得较高社会评价的同时，也为新一轮的招生提供了保障。而一些建设能力不足的专业，由于无法保证学生的就业率，出现一些负面的社会评价，导致新一轮的招生受到影响。因此，教育学学科专业建设能力的差距，也使得整个学科的发展受到局限。

2. 课程建设缺乏民族特色

从学科办学定位来看，我国目前各个类型的高校之间并没有明显的区别，教育学学科建设自然也就难以形成明显的特色和竞争力。特色优势是学科建设和发展的生命线，也是提升学校整体竞争力和影响力的重要着力点。由于缺乏对自身学科特色和专业优势的考虑，学科办学定位基本雷同，使得教育学学科建设缺乏持久发展的动力。目前，教育学学科已经普遍存在于国内高校当中。无论是综合型、师范型，还是公办高校、民办院校，或是普通类高校、民族类高校，都有教育学学科专业的存在。但从学科办学定位层面来说，除了公办高校更加注重理论研究型人才培养，民办高校强调应用型人才培养，普通类高校注重对普通教育领域服务，为各地区经济社会及教育发展服务的区别以外，这些不同类型的高校在教育学学科的专业设置和课程设置上很少有明显的区分。

教育学学科的课程建设优势来自于丰富的文化知识，缺乏特色的教育学学科课程就失去了发展建设的土壤，缺少与其他类型高校的竞争优势。然而，目前教育学学科课程建设方面，特色的优势并没有得到充分发挥。一些并没有形成类似 A、B 两所大学的教育学课程群，制约了特色类的课程建设。课程目标与设置在结合地区以及人才培养方面的举措有待加强。

对于课程的管理与评价，教育学学科在课程建设中更贴近学生实际需求的方面有所欠缺，这主要是由于提高教学质量的迫切要求与学生接受能力之间存在差距而形成的矛盾。长此以往，将会导致教育学学科的学生对课程兴趣的不断降低，缺乏特色的课程也会使学生难以解决今后从事教育教学工作中遇到的实际问题。不仅如此，社会在发展，地区的发展特色也在不断发生着变化，"双一流"建设规划对教育学学科立足地区教育事业发展实际的课程建设也提出了挑战。

3. 教材建设内容与规模局限

教育学学科教材建设既要符合地区教育事业各部门对人才的需求，又要满足学生毕业后走向社会的实际需要。但是目前教育学学科教材的选用与编写多侧重理论层面的介绍与政策的研究，以学生群体的视角展开的文化知识理念在走向社会后的实际应用指导涉及较少。这就导致学生走向教育工作岗位之后，有可能出现解决实际问题的能力不足。侧重理论研究的教材能够使教育教学工作更加科学化、系统化，但是立足学生的视角出发，指导实践工作的教材也同样具有重要作用。

此外，特色教材编写的规模也有待升级。教育学学科将汉语翻译为民族语的教材较多，创新研究的教材编写较少。随着社会经济建设的高速发展，汉语作为通用语言的交流学习作用已得到广泛的重视，但是伴随而来的是对语言学习与传承的问题。一些学生群体语言能力的退化导致对语言编写教材的使用率降低，这一方面由于高速的社会发展带来了巨大的信息浪潮，学生想要紧跟时代发展趋势，就需要提高接受信息的能力与效率，使学生越来越注重汉语的学习；另一方面，特色教材的编写内容相对缺乏创新研究的现实，也使得学生对于此类教材缺乏兴趣，影响了教师队伍对于特色教材的编写热情，制约了教育学学科的教材建设。因此，"双一流"建设规划指导下的教育学学科建设对教材建设的内容与规模提出了现实的挑战。

（三）科学研究与社会服务缺乏民族特色与创新能力

教育学学科科研平台建设的优势来自丰富的文化知识，然而在实际发展建设过程之中，教育学学科的科研平台建设却未能将特色充分转化为发展优势，研究方向不够凝练，高层次领军人才资源匮乏，导致科研成果转化为社会服务能力不足。教育学学科科研平台以服务地区教育事业为发展目标，然而受地域、文化、历史等因素的影响，高水平的科研平台数量较少，未能充分满足服务地区教育事业发展的需求，缺乏高层次领军人才的引领作用，服务于教学的科研成果转化能力也有待提升。

另外，科研平台之间的交流与合作是提升科研创新能力、推动科研平台建设的有效路径，但教育学学科在科研平台交流与合作方面展现出了较大的差距，部分教育学学科举办学术会议、进行学术交流与合作的数量与质量水平都比较高，但部分教育学学科却鲜有高质量、高水平的学术会议。通过借助其他教育学学科的平台分享交流机会，很大程度上制约着学科的整体发展水平。这一方面是由于办学定位与能力存在差距导致的；另一方面也是由于整合社会资源的能力不足，缺乏创新意识。"双一流"建设规划对我国学科建设提出了创新型人才培养的要求，教育学学科在科学研究交流与合作方面暴露出了创新能力不足的问题，一定程度上制约了创新型人才培养建设。科学研究交流与合作是科研平台建设的重要职能，教育学学科立足我国丰富的文化资源优势，在开展国内外学术交流、创新合作培养模式方面都拥有得天独厚的优势，如何提高科研平台建设的创新能力、汇集高水平领军人才的科研队伍是新时期我国教育学学科科研平台建设面临的现实挑战。

社会服务作为大学的重要职能，对实现教育和社会共赢具有重要的促进作用。教育学学科的发展对于促进大学履行社会服务职能方面发挥了一定的作用，并取得了一些成就，但目前仍然存在规划指导不系统、参与程度较低、社会影响力有待提升、缺乏国际交流合作等方面的问题，因此，"双一流"建设规划对教育学学科的社会服务能力提出了更高的要求。

（四）保障机制建设方式陈旧

1. 文化建设缺乏吸引力

目前，教育学学科在传承创新优秀民族文化方面的意识已经比较强，对于优秀民族文化的整理、保护、更新、创造的责任与担当认识比较深入，形成了吸收、融合世界先进文化，促进中华民族优秀文化传承创新的使命感。2014 年，习近平总书记提出了培养中华民族共同体意识的概念，是在团结的中华民族大家庭之中进行精神建设，将民族认同感进一步升华。这对我国教育学学科的文化建设，提出了铸牢中华民族共同体意识建设的目标要求。然而我国在大学精神与大学文化建设方面缺乏热情，导致学生对于传承创新优秀民族文化的活动缺乏主动性，对于具体实施措施与建设路径比较迷茫。爱国主义情怀与民族团结教育活动与教育学学科内容结合较少，对于解决实际生活中遇到的问题的能力也不足。随着时代的发展进步，对优秀民族传统文化的传承与创新思路有待拓宽。

在传承创新优秀民族文化的过程中，一些学生缺少对于爱国主义情怀与民族团结教育的思考。仅仅完成课程教学要求的内容，对于优秀民族文化与实际学习、生活的结合较少。这主要是由于学生对于大学精神与大学文化建设的理解还停留在简单的灌输阶段，没有真正与学习生活相结合，与地区教育事业发展相结合，只是在被动地接受，缺乏研究热情。

校风、教风、学风建设力度逐渐加强，但面对社会的发展与进步，逐渐暴露出了缺乏创意的问题。校园文化活动形式停留在艺术节、讲座等方式，优秀民族文化传播仍然依赖陈旧的途径，网络信息化利用程度有待加强，隐性课程缺乏跨文化敏感与内涵建设。由于校风建设是一项需要通力合作的项目，要协调各部门的配合，因此，校风建设要考虑到文化底蕴、历史发展、地区实际等多方面的因素。对教风建设重视程度的欠缺导致教师队伍对于师德师风建设缺乏敏感性与责任感，无法尽早发现师德师风失范行为，对于教师队伍师德师风的监督管理方法也相对陈旧。同时，民族地区的教风建设容易轻视教师队伍多元文化素养的提升，导致治学不严谨的现象发生，在一定程度上又会助长不良学风的形成。在学风建设方面，越来越多的信息涌入社会，进入校园。由于缺乏社会经验，学生的学习风气很容易受到不良信息的干扰，影响学生潜心治学的态度。因此，面对纷繁复杂的社会信息，对优秀校园文化内容的甄别、良好师德师风的发扬以及开放、包容的学生素养培育都面临严峻的考验。

在社会主义先进文化建设方面，将核心价值观与学生的学习、生活融合的程度有待提升，针对宣扬核心价值观的文化活动不能激发学生群体的兴趣，导致参与程度不高。这一方面是由于当今社会的高速发展，文化建设受社会的影响程度越来越高，学生群体容易被物质文化建设所吸引，而由于缺乏兴趣导致精神文化建设相对滞后；另一方面是由于在弘扬社会主义核心价值观的方式上缺乏吸引力，没有真正融入学生群体的学习、生活之中。因此，尽管核心价值观对教育学学科具有一定的文化启示作用，有助于引领学科文化发展，但与教育教学的实践结合有待加强。

在校园文化建设中，核心价值观的宣传方式相对陈旧，没有与隐性课程充分结合，缺乏与不同学科专业建立联系的针对性，导致学生对于宣传核心价值观的活动参与程度不高，且仅停留在简单了解的基础上，未能深入体会其对于自身学习的影响。在先进文化建设方面，教育学学科的宣传策略与传播途径单一，且多是单项灌输，没有激发学生群体的积极性与主动性，没有引发学生的共鸣。面对当今社会信息爆炸的现实情况，教育学学科的学生尚未积累丰富的社会经验，因此，对学生甄别信息的能力培养也面临艰巨的挑战。

2. 民汉兼通教师队伍结构失衡

随着我国高等教育事业的不断改革和发展，高校教师队伍建设逐渐由数量扩充转变为内涵建设，越来越意识到教师队伍结构对于学校发展的重要性。教师队伍结构一般包括数量结构、年龄结构、性别结构、学历结构、学院结构，等等，教师队伍还要关注民族结构。教师队伍结构合理与否，很大程度上决定着教师队伍整体性能的发挥，影响着教师队伍管理和教师共同体的建设，也影响着学校的办学质量以及人才培养。目前，在高校中都或多或少地存在不同程度的教师队伍结构失衡、数量不足、质量不高的问题，影响着学校的整体建设和发展。因而对于学校管理者来说，正确认识教师队伍结构失衡问题并予以关注和解决是进行学校管理及学科建设的重要工作之一。

教育学学科教师队伍结构上除了存在和其他高校一样的失衡问题之外，还有着自己特殊的问题。例如，随着近年来国家对于教育事业的大力扶持、社会大众对教育重视程度的增加，高校招生规模不断扩大，教育学学科专业学生人数也在不断增多，教育学院办学规模逐步扩大。加之教师编制有限且缺乏弹性管理，使得教育学学科师资紧缺，部分专业生师比过高。在学科教师队伍职称结构方面，高级职称教师比例普遍偏低，尤其是学科领域内具有较大影响力和声誉的拔尖人才和学科带头人偏少，难以支撑起"双一流"建设的要求，在一定程度上限制了教育学学科的建设和发展。另外，随着学科专业招生规模的逐步扩大，新进教师中青年教师的比例较高，使得教育学学科教师队伍在职称结构上也出现了一些问题。此外，教师队伍中的中青年拔尖人才储备不足，有一定学术影响的中青年学者偏少，梯队结构不合理，导致学科建设中科研立项少、学术成果产出不多。在教育学学科教师队伍中，由于其自身学科的特色，需要教师队伍中拥有大量熟悉特定文化、从事教育研究的高层次人才和熟练掌握民族语言、能够从事双语教育工作的教师。而这一类教师在数量上较少，加上学校间在待遇、工作环境方面的差距造成的这类教师和人才的缺乏和流失，使得在教育学学科建设中难以形成强有力、高素质、民汉兼通合理搭配的教师队伍，阻碍了教育学学科的整体建设和发展。

3. 经费分配与管理能力有待提升

学科经费投入是学科建设和发展的重要物质基础，是学科建设的重要前提。学科建设中的科研条件、工作环境、人才培养等方面无不需要充足的经费支持。没有足够的经费做支撑，学科建设各项工作自然也就难以有效展开，难以调动各方面的积极性，也加剧了学科内部、不同学科之间的矛盾。尽管国家和各级政府对教育学学科的发展都给予了充分的肯定和重视，但教育成果展现或发挥作用的周期性较长，且更具有内隐性，远不如自然类学科对于经济社会发展的推动作用显著。同样，相比于教育学学科，自然类学科成果更能显著提升学校的地位和影响力。从学科定位上，综合性大学教育学学科多被视为"服务机构"，学科意识较为薄弱，学科建设在学校办学体系中得不到重视。因此，尽管近年来对于教育学学科建设的经费投入的绝对值不断在增加，但从横向比较而言，无论是从国家层面，还是学校层面，对教育学学科的经费投入远远低于在其他学科的投入。

更严峻的问题是，对现有经费投入的使用存在着分配方面的矛盾。在对进行实地调研和访谈过程中，各教育学学科经费投入虽然不如自然类学科丰富，但也基本能够满足日常教学与科研的发展建设需求。目前，教育学学科硬件投入充足，能够较好地满足教学需求，但在软件投入方面，存在经费充足却缺少优势、特色项目来使用的问题。每年，教育学学科为教师提供充足的科研经费，但是教师队伍的科研项目却不多，尤其是地处我国地区的高校，自身举办科研会议的能力和机遇都亟待提高。这也使得在实地访谈中，地处地区的教育学学科管理者发出"比起经费，更需要项目来使用"的感叹。

面向群体和地区的师资队伍建设、人才培养、科学研究的特殊性决定了其学科建设的经费投入与管理要立足地区经济社会发展实际。教育学学科作为重点学科建设在经费投入方面的迫切需求表现在对高层次师资队伍领军人才需求的招聘与培养，扩大民族语与汉语兼通人才的培养规模，提高培养质量，为服务于地区教育事业发展的科学研究项目创造更多与当地教育机构深度融合的合作机会，这些都需要依靠学科建设的经费投入与管理作为保障。

第三节　理论反思

教育学学科经过数十年的发展建设，为我国地区的社会发展培养了一大批高素质人才；围绕教育领域重大的理论和现实问题开展了持续深入的科学研究，取得了丰硕的研究成果；为国家和区域社会发展提供了决策咨询和智力支持，促进了地区基础教育、高等教育的高质量的发展；挖掘了丰富的优秀文化资源，开展了民族文化进校园等多样化的文化传承与创新的活动。

在"双一流"建设的历史契机下，教育学学科建设要立足自身的优势，构建"人才培养、特色科学研究、社会服务、文化传承和创新"四位一体的互动性学科建设模式。以服务国家和地区创新驱动发展战略为己任，以人才培养为目标，以特色科学研究为支撑，以优秀文化传承与创新为动力，不断提升教育学学科的创新服务能力。

一、以人才培养为学科建设目标

大学的根本目的在于培养人才，育人是大学发展与学科建设的核心任务，是高校各项工作开展的根本出发点和落脚点。人才培养的质量直接决定着学科的发展潜力。因此，在人才培养、科学研究、社会服务和文化创出与创新的功能定位上，应当以人才培养为目标和核心，集中各种资源于人才培养，尤其应当改变人才培养工作就是教务处、学工处的责任的传统观念，各部门都要担负人才培养工作的责任，每一个教职员工都要以服务学生为荣，以身作则，以身示范，担负起人才培养的责任，着力解决学生生活、学习和发展中的各种问题和困难，帮助学生顺利完成学业，以健全的人格、良好的品德、发达的智慧以及公民责任感和使命感走向社会，成为国家和社会现代化建设的主力军①。

教育学学科建设各项工作的展开也应以服务于地区教育事业所需人才的培养为核心，各部门团结协作、相互配合，明确人才培养的中心地位，尤其是适合地区特色的人才培养，凸显教育学学科在为地区培养师资和相关教育管理者的特殊优势。注重根据社会发展和市场变化，适时调整人才培养目标和方案，实现人才培养质量的不断提高，以人才培养带动学科发展。

二、以特色科学研究为学科建设支撑

教育学学科的建设和发展离不开对其内在逻辑和规律的把握和认识。科学研究作为旨在正确认识客观事物的内在本质和规律的活动，是人类科学进行实践活动的重要保障。离开科学研究的指导，人类的各种实践活动便充斥着盲目性和随意性。教育学学科作为一门社会学科，其学科性质决定了它并不能像自然学科一样，在较长时间段内保持人们对事物认识的共识性，对教育事业发展的认识总是随着时代的发展变化而改变，且不同的

---

① 别敦荣. 世界一流大学教育理念 [M]. 厦门：厦门大学出版社，2016：78.

人对于教育事业发展的认识和理解也有所不同。人们总是在不断的科学研究中深化对教育学学科以及教育发展规律的认识，依据时代变化发展要求不断构建起新的知识和观点。

科学研究是教育学学科建设和发展的重要支撑和推动力，可以充分利用的各类资源，产出优秀教育研究成果，推动教育学学科的建设和发展。强化对教育事业发展建设的科学研究，对教师的教育教学、专业发展和科研能力提升，以及人才培养和各项管理工作都有着积极意义，保证教育学学科的建设和发展能够始终朝着科学、正确的方向前行。特别是"双一流"建设对我国大学科学研究工作的全新定位促使的教育学学科建设过程要正确认识科学研究和学科建设的关系，高度重视科学研究的重要地位和作用，各项工作的展开都要以科学研究为支撑。注重加大对教师科研能力的提升，通过物质奖励与精神奖励相结合、定期组织专题讲座、科研基地建设、外出参加学习培训等多种途径和方式，为教育学学科教师队伍，包括行政管理人员搭建良好的平台和学术科研氛围，将科学研究融入到教育学学科建设的过程和环节当中，助推教育学学科的建设和发展。当然，在科学研究中，教育学学科还应突出对优秀民族文化的挖掘，鼓励教师进行优秀文化交叉研究，以适应教育学学科的发展现状，为学科的建设寻求新的突破点和生长点，形成独特的民族特色。

学科平台是学科建设的重要基地[①]。教育学学科的建设和发展离不开各类教育研究中心、实验室及一线的教育实践、实训基地的支撑。学科基地要通过制订计划、引进人才、定期开展国际或国内教育事业发展建设的学科论坛，开展有价值的本土化研究。这些专门的教育研究中心，汇集了学科、学院内外众多的理论型和实践型的专家和研究者，为教育学学科内部不同专业之间、不同研究方向之间开展科学研究提供了便利条件和交流、合作平台，提升了不同研究者对于教育学学科的学科认同感。在民族

---

① 王智秋. 初等教育院系学科建设的定位、生长特色及其培育——以首都师范大学初等教育学院为例［J］. 教育研究，2015，36（8）：151-156.

学院的教育学学科建设过程中，要将特色始终作为学科基地建设的重要着力点，加强研究者对不同研究方法、视角、结论等方面的探讨、交流和创新，以特色和优势带动学科整体建设和发展。

三、以服务地区创新发展战略为学科建设责任

社会服务是高校的又一重要职能。学校和社会的联系不断加强是学校发展的必然趋势。缺乏社会的关注和支持，学校的发展也就成为无源之水。随着社会公众对于教育事业的逐渐重视，民众对教育学学科和教育事业发展逐渐形成了自己的认识和理解，也更愿意主动参与到教育活动当中。社会公众对于高校的评价除了看重高校本身的地位和影响力以外，也将高校的社会服务职能，即能够对社会经济发展的贡献程度作为衡量高校发展的重要标准。因此，要不断加强学校、学科与社会间的联系，在学校发展和学科建设过程中时刻坚持以社会服务为原则，真正发挥高校作为社会系统中的一个子系统，对于推动整体社会经济发展、缩小区域间发展差距，实现教育和社会均衡发展的重要作用。

"双一流"背景下教育学学科应当主动适应社会政治、经济、文化的变革趋势，发挥教育的服务作用，打造一支能够推动地区教育事业发展的人才队伍。在教育学学科的建设过程中，要时刻关注地区社会经济文化发展对于人才需求的最新要求，科学调整专业结构和人才培养方案，找准定位，建立适应社会经济发展的教育学学科建设方向。此外，可以通过定期开展对口帮扶地区的学校，做好教师培训工作、做好对民众的社会教育活动，避免形式化倾向，在活动开展前期做好相应的规划和沟通工作，并在活动结束后根据活动开展情况及时做好经验总结工作，真正改善民众的教育教学观念和理念，凸显教育学学科在履行社会服务职能方面的独特地位，增强教育学学科为地区发展建设的社会服务能力，不断创新社会服务模式，并提供强有力的人才支持和智力保障。

四、以文化传承与创新为学科建设动力

学科是一个知识体系，又是一个学术组织。作为知识体系，学科建设是知识生产的过程，是依靠教师队伍创造性的活动为课程不断提供新的思想和内容的过程。作为学术组织，学科建设是保障知识生产的机构和制度的建立和完善过程。教育学学科建设，是文化不断创新的过程，也是保障优秀文化不断创新的制度的建立与完善的过程。

优秀文化的传承与创新是教育学学科建设的重要内容，同时也是肩负的重要历史使命，对我国群体和地区教育事业的发展具有重大意义，是增强文化自觉与文化自信的主要来源与发展动力。教育学学科建设依据"双一流"规划指导对大学文化建设提出的明确要求，结合自身的特色，践行社会主义核心价值观在新时期的思想引领，充分发挥文化的育人功能，促进内涵建设。不仅为教育学学科培育爱国主义情怀、开展民族团结教育提供了思想源泉，而且有利于优秀民族传统文化的保护与发扬。通过创新思路，发掘文化中的优秀资源，使其在新的社会发展趋势下，展现出强大的思想底蕴与魅力，能够助力教育学学科的人才培养、科学研究和社会服务的发展。不仅如此，传承创新优秀民族文化对构建和谐校园文化建设也同样具有重要意义，为打造我国大学精神与大学文化建设提供了思想指导。因此，教育学学科建设要充分发挥特色优势，打造核心竞争力。

优秀文化的传承和创新是教育学学科建设的动力支持。与普通高校教育学学科相比，教育学学科在人才培养、科学研究、社会服务中都表现出明显的特色。民族文化是民族人才成长的背景，是教育研究的重要主题、是地区社会生活的基本形态。因此，民族文化的传承和创新是教育学学科建设的内在需求。

教育学学科文化传承与创新功能的实现，是以教学、科研、社会服务功能为坚实基础的。人才培养水平，科学研究能力，社会服务能力，文化传承创新能力共同支撑教育学学科的建设和发展。依靠优秀文化的传承与

创新，才能造就教育信念坚定、专业知识完备、专业技能娴熟，为地区教育和社会发展服务的高素质的教育人才。民族文化的传承与创新的过程本身就是知识再生产和生产的过程，是不断吸收和创新的过程，是科学研究探新本质的体现。社会服务就是教育学学科凭借自身的人才优势、科研优势等，把优秀文化应用到教育实践中的过程，以推动我国教育事业的发展。

五、构建"四位一体"互动性学科建设模式

（一）以学科建设规划为前提

学科建设规划是学科建设和发展的重要前提和依据，是学科发展的蓝图。完善的学科建设规划是实现学科发展和建设目标的重要保障。教育学学科的建设和发展必须以学科的建设规划为依据，才能实现有序健康发展。因此，教育学学科的建设和发展首先应该做好包括指导思想、建设目标、发展策略、战略任务、实施保障等内容的规划。同时，建设规划的制定要充分考虑到学校水平、学科建设基础和实际，结合学科发展趋势，在充分调研的基础上，经由专家论证和反复商讨，最终确定学科建设规划的文本内容，并加强实施过程中的监督与调控。

"双一流"建设背景下的教育学学科建设和发展应在原有发展基础上，根据学科自身特色优势，关注服务于地区教育事业的人才培养、具有文化特色的科学研究、地区教育事业发展困境、传承创新优秀民族文化的责任与使命等，保证学科建设的正确方向，明确学科建设的近期目标和长远目标，形成各部门联动机制，使教育学学科建设各项工作展开有据可依，并能够根据学科建设和发展过程中的实际情况实施动态调控。

回顾新中国成立以来我国教育事业的发展，促进地区经济社会发展、维护民族团结与稳定、实现共同繁荣的基本宗旨没有改变，发展地区教育事业的决心没有改变，但是外部环境却发生了翻天覆地的变化。经过几代教育工作者的不懈努力，我国已经实现由"穷国办大教育"到"大国办强

教育"的转变，从教育大国向教育强国迈进。这得益于党和国家对我国教育事业制定了科学合理的发展规划，为教育事业发展指明了前进方向。新时期，在"双一流"建设规划的指导下，我国高等教育领域迎来了新的发展契机。发展作为我国大学建设的重要组成部分，同样需要依据国家发展战略总体指导制定符合自身特色的发展规划。教育学学科建设要充分挖掘自身特色与文化优势，结合地区教育事业发展需求，找寻一条适合自身发展的路径规划，充分考虑时代背景以及文化变迁对教育学学科的新要求，将特色发展成为学科优势，完善教育学学科建设规划。

（二）以师资队伍建设为纽带

"双一流"建设规划对大学师资队伍建设的全新定位和目标要求使高校对教师队伍的重视程度不断提升，高素质、结构合理的教师队伍是学科建设和发展的重要方面。不仅关系着教育学学科的人才培养质量，而且影响着学校整体的办学质量和地位。纵观国内外高校，高水平大学与高素质的学术队伍密切相关，决定着学生、家长以及社会对学校的选择和评价，一所高水平大学的背后必然有着高素质、高层次的教师队伍做支撑。教师队伍，尤其是高水平的教师队伍，其背后隐藏的多种资源，也是当今高校开展"抢人大战"的根本原因。

教育学学科建设需要一支结构合理的高水平学术队伍来引领。正如梅贻琦先生所说"所谓大学者，非谓有大楼之谓也，有大师之谓也。"因此，学校和教育学院必须认真执行高层次人才引进管理办法，确定不同层次人才的标准和待遇。在高层次人才的选择上，以学科建设为引领，重点引进特色学科、优势学科领军人才，形成高水平的创新团队。不断改进公开招聘方式方法，开通博士人才引进的绿色通道，形成对博士的常年招聘机制，实现学校急需人才能够随时引进。采取多种途径获取人才信息，鼓励支持学院主动走出去招聘人才。建立人才引进的奖励机制，对人才引进工作有突出贡献的单位和个人，学校给予一定的表彰奖励。同时，设立不同层次的人才特聘岗位，明确目标责任，最大限度地发挥其在人才培养、科学研究、青年教师培养等方面的作用。针对目前教育学学科建设过程中出现的教师编制紧缺问题，要不断完善编制运行管理制度，制定灵活的用人政策，通过招聘编外人员的方式补充实验技术、管理与服务等教学辅助岗位，将有限的编制用在高层次人才引进和专任教师的补充上。

除了要积极引进高层次人才以外，还需要注重和加大学院自身人才培养的扶持力度，多层次、多渠道支持优秀人才成长发展。实施教师素质能力提升计划，针对教育学学科专业发展重点和教师不同发展阶段等特点，采取有效措施，提高教师整体素质。制定青年教师培养规划，积极推进青年教师能力素质建设。通过凝练方向、构筑平台、汇聚队伍、重点扶植，培养一批具有创新能力、发展潜力的青年学术带头人和一批创新思维活跃、学术视野宽阔的优秀后备人才，带动教师队伍整体水平的提升。此外，也应积极关注新晋教师的专业成长与职业发展，加强教育学学科学术梯队建设，努力营造一种尊重知识、尊重人才的良好学校氛围。

教育学学科培养从事教育领域相关研究和实践工作人才的定位，决定了其在人才培养过程中，对师德师风建设的责任担当，以及对学生形成完善人格的重要意义，直接关系到教育学人才未来走向社会、走向教育领域工作岗位的行为。在加强教育学学科教师师德师风建设方面，依据教育部《关于深化高校教师考核评价制度改革的指导意见》，教育学学科坚持"师德为先、教学为要、科研为基、发展为本"的基本要求，修订教师考核实施办法，不断完善教师考评体系，将师德考核摆在教师考核的首位。完善师德考核办法，健全师德考核长效机制，建立教师师德档案。学校招聘、引进教师时，坚持思想政治素质和业务能力双重考察。教师有师德禁行行为的，在绩效考核、岗位聘任、职称评审、评模选优等工作中实行"一票否决"。通过强化师德师风建设，为教师和教育学学科人才营造良好的氛围。

（三）以经费投入为保障

无论是自然学科，还是社会学科，充足的财力投入是学科发展的重要保障和物质基础。尽管学科的建设和发展受多种因素的影响，但经费投入无疑是学科发展的前提。缺乏足够的经费投入，学科建设过程中的各项工作自然难以有效开展，也难以调动起各方面的积极性。一般而言，经费投入的占比、持续度、年增长率等指标可以清晰地反映出学校对于该学科的重视程度以及该学科的未来发展潜力[①]。教育学学科作为社会科学之一，对国家整体教育水平的提升具有重要的意义。但从目前情况来看，无论是国家级科研项目，还是省（自治区、直辖市）级、市级乃至校级科研项目，社会科学类的资金投入相对不高，使得社会科学一直以来被大众轻视和误解。对于部分高校而言，对于教育学学科的经费投入总体不足，且随意性较强，仅能维持教育学学科日常运转，难以调动教师的积极性。

因此，对于教育学学科建设而言，要提升对教育学学科的重视程度，明确教育学学科对于学校整体发展和管理的重要地位和作用，逐步加大对教育学学科的科研投入，且从制度上予以保障，从根本上调动教育学学科教师的科研积极性，保证教育科学研究成果的质量。在此基础上，突出教育学学科自身的文化特色优势，加大对特色项目的扶持力度。教育学学科建设要鼓励教师真正立足于本地、本校以及本专业的实际，紧密围绕学校及学科发展规划、教学实践及管理、人才培养等具体工作，开展有意义的理论研究，使研究成果真正服务于教育学学科建设和学校发展，使学校在国内外高校教育学学科中具有较强的吸引力、学术地位和话语权。同时，学校科研处、教务处等相关部门要聘请校内外学科专家组成项目评审委员会，认真做好项目申报和结题审核工作，明确要求，从质量上做好把关工作。对完成质量较好的科研项目予以一定的额外奖励，对完成质量较差的

---

① 裴怀涛. 我国高水平大学教育学科建设研究［D］. 兰州大学，2008：29.

项目予以延期处理，并限制项目负责人第二年同级别项目的申报。

对于科研平台建设的经费投入，应重点建设特色项目，突出教育学学科特色，减少经费投入与管理问题对学术研究的干扰，营造具有文化特色的学术氛围。结合当今社会信息化发展趋势，教育学学科科研平台经费建设可以利用信息化手段，依托网络监管平台，更加高效地处理科研经费使用与管理问题，及时准确地分析科研经费使用数据，为教师队伍从事科学研究提供更加便利的行政环境。

（四）以特色学科群建设为抓手

特色优势是教育学学科建设的生命线，是学科建设和发展的持久动力，也有助于提升学科乃至学校的学术影响力和地位，是学校内涵式发展的重要着力点。随着教学改革的稳步推进，学校的教育教学质量不断提高，管理也更加规范和科学化。但在学校的管理实践中，由于对自身的特色和定位界定的不清晰，只限于对其他学校管理和运营模式的"照抄照搬"，使得很多高校教育学学科的建设和发展不可避免地出现"千校一面"的现象，导致学校发展和学科建设后劲不足，难以实现学科的长足发展。

鉴于各学校在历史、文化、地域、经费等多方面的差异，各学校自身都存在着一定的特色。相对于其他类型的高校来说，在办学和人才培养目标上有着特殊的定位。因此，在教育学学科建设上应突出自身的特色优势，扬长避短，提高学校整体办学水平。要将特色发展作为教育学学科建设发展的重点，发挥传统文化优势，集中优势资源，强化学科特色和比较优势，适应社会的发展变化。根据当地经济社会发展要求、本单位教育学学科的历史发展和学科基础以及教育学学科教师队伍的研究状况找准自身的特色和优势，协调好教育学学科建设的目标高度和发展速度，正确处理好教育学学科属性和研究特色之间的关系以及本学科与其他相关学科的联系，拓展学科和专业发展宽度，破除学科障碍，形成学科群体，实现教育学学科与其他传统学科、交叉学科之间相互补充、相互支撑，共同发展，充分发挥学科群体优势，实现教育学学科的不断发展。

高等院校学科群建设是为促进学科发展、助力创新型人才培养、优化教育资源配置、提升大学竞争力而开展的建设工程。学科群建设的组织形式因维度不同而类型各异，有依据学科层次的建设形式，也有交叉学科相融合的建设形式。在学科群建设的过程中，发掘自身特色、找准定位是形成发展、竞争优势的关键。教育学学科建设涉及高等教育学、民族学、管理学等学科的交叉研究，符合学科群建设对于相似研究取向的要求，能够形成研究合力，具有鲜明的文化特色，学科群建设能够满足优化教育资源配置，优势互补，以服务地区教育事业发展需求为原则，具有明确的目标及实现效益最大化的出发点。因此，推进学科群建设是教育学学科建设未来发展的重要思路。

需要注意的是，学科群建设是一个动态发展的过程，对于交叉研究、融合发展的要求是基于多学科参与的基础，每个参与对象的发展程度存在差异，找到参与对象交叉融合的平衡点，正确处理好学科群建设与发展特色的关系、学科群与人才培养的关系、学科之间的关系，推动学科与学科群建设协同发展，才能实现效益最大化。

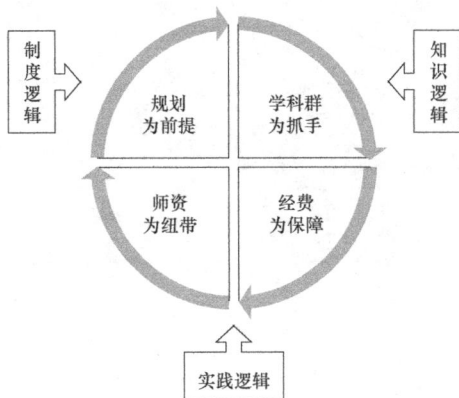

图 5-1 "四位一体"互动性学科建设模式图

要正确认识教育学学科建设中人才培养、科学研究、社会服务和文化传承与创新之间的关系，融入文化使命感和社会责任心。在教育学学科建设中，突出自身特色，即高层次人才培养、研究和地区社会服务，并在教育教学和社会服务过程中针对现有问题及时进行调整、变革和创新，进行资源优化配置，推动教育学学科的建设和发展。通过创新课堂教学方式的互动性模式，培养互动能力和意识。将科学研究带入人才培养，创造社会服务实践机遇，在教育学学科互动性模式总体规划指导下，及时调整策略，基于民族院校的特殊性，强调中华民族优秀传统文化传承创新的使命，发挥教育学学科高素质人才服务地区教育事业发展建设的责任心，逐步形成"四位一体"互动性模式，进而促进和推动教育学学科的高质量、可持续发展，促进地区教育事业及社会的不断发展。

结　语

　　本书对"双一流"背景下教育学学科建设进行了调查分析，通过对四所综合性师范大学的调查研究，从学科建设目标的角度出发，以学科建设相关理论、多元文化教育理论、目标设置理论为指导，从制度逻辑、知识逻辑、实践逻辑的角度对教育学学科建设的制度供给与创新、知识体系建设、科研与社会服务、保障机制进行了深入分析。为促进地区教育事业的发展、满足教育学学科发展的需求，拓展教育学学科的理论研究空间，丰富和完善教育学学科建设的内容体系，为"双一流"背景下教育学学科建设的发展提供参考。

一、研究的主要结论

　　概括而言，本书得出的结论为，我国的教育学学科建设在服务学生和地区教育事业发展方面具有重要的意义，并作出了一定的贡献，特别是在"双一流"建设规划的时代背景下，教育学学科建设迎来了难得的发展机遇。但是，目前，我国的教育学学科建设的特色并没有充分转化为发展优势，学科建设的水平有待提升，其原因如下。

　　在制度供给与创新方面，规划与布局的改革措施滞后、管理体制改革的观念落后、评价机制有待完善。在"双一流"建设规划的指导下，教育学学科规划与布局措施中涉及更多关于地区教育事业发展实际的考量与把握。专业布局有待完善，调整能力也有待提升。学科建设并不意味着学科内部各专业的同步、同等发展，而是要根据特色、学校类型、学科基础，选择和制定不同于其他高校的办学定位，以特色促发展，形成比较优势。传承创新优秀民族文化要求的执行程度很难统计并纳入评价考核指标，对于完善评价机制、创建新的指标体系提出了挑战。

在知识体系建设方面，不同教育学学科的专业建设能力差距较大、课程建设缺乏特色、教材建设内容与规模局限。由于学科基础与办学定位的差异，不同教育学学科在专业教育和实践教育方面存在一定差距，不仅制约了人才培养水平，而且影响了专业招生与就业。由于课程建设的特色优势没有得到充分发挥，无法形成课程群优势，制约了特色类的课程建设。随着社会经济建设的高速发展以及高度信息化的时代发展现状，对特色教材建设提出了严峻的挑战，编写的内容与规模有待升级。

在科学研究与社会服务方面，特色优势挖掘不够、服务地区发展的责任感有待提升。科学研究是教育学学科建设和发展的重要支撑与动力，然而在现阶段的科学研究领域，教育学学科未能充分展现的特色优势，使得科学研究缺乏竞争力。科研平台建设未能将特色充分转化为发展优势，研究方向不够凝练，高层次领军人才资源匮乏，导致科研成果转化为社会服务功能不足。由于缺乏交流与合作，致使教育学学科整合社会资源的能力不足，缺乏创新意识。社会服务影响力有待提升，对科学研究成果转化为社会发展动力的重视程度与规模需要更深的认识。教育学学科的社会服务功能不仅反映了学科自身的发展，而且体现着对地区社会发展的贡献程度。

在保障机制方面，文化建设缺乏吸引力、民汉兼通的教师队伍结构失衡、经费分配与管理能力有待提升。面对纷繁复杂的社会信息，对优秀校园文化内容的甄别、良好师德师风的发扬以及开放、包容的学生素养培育都面临严峻的考验。核心价值观的宣传方式相对陈旧，没有与隐性课程充分结合，缺乏与不同学科专业建立联系的针对性，导致学生对于宣传核心价值观的活动参与程度不高，且仅仅停留在简单了解的基础上，未能深入体会其对于自身学习的影响。由于缺乏民汉兼通的高层次人才，导致教师队伍结构失衡。经费分配与管理水平的限制，影响了学科建设各项工作的配合，难以调动各方面的积极性，也加剧了学科内部、不同学科之间的矛盾，阻碍了学科整体建设和发展。

因此，教育学学科在"双一流"建设规划的发展契机下，既迎来了发展机遇，又面临艰巨的挑战。

二、研究的创新之处

第一，在研究方法上，本书尝试从目标分析视角，综合运用管理学领域的目标设置理论研究教育学学科建设逻辑与路径问题，在一定程度上突破了现有的学科建设研究范式，为教育学学科建设的研究提供了新的思路。

第二，在研究内容上，本书归纳了学科建设从制度逻辑、知识逻辑和实践逻辑的角度分析教育学学科建设的制度供给与创新、知识体系建设、科学研究与社会服务、保障机制建设的思路。将人才培养、科学研究、社会服务的大学三大职能与学科建设基本要素充分结合，丰富了教育学学科建设的内容体系。

第三，在研究结论上，本书提出了教育学学科建设面对"双一流"战略规划应然诉求的发展建设思路，基于自身发展实际，根据民族地区特色优势，提出了以规划为前提、以师资为纽带、以经费为保障、以学科群为抓手的四位一体互动性学科建设模式，推动教育学学科的高质量、可持续发展，为促进地区教育事业及社会的不断发展提供了实践思路。

三、研究存在的不足

本书选取了四所综合性师范大学作为案例，研究内容与结论局限于这四所大学，难以反映全国各民族教育发展现状与困境，且分布于不同民族地区的群体受地形、历史、文化等因素的影响各异，表现在民族高等教育的发展现状与困境也各具特色；另一方面，由于笔者学术基础与个人研究经验的限制，导致研究不够深入，理论分析有待加强，问题归纳与提炼不足。因此，在后续的研究中，笔者将拓宽研究视野，加强理论知识学习，通过更加深入的研究与更加丰富的田野调查提升自己的学术修养，丰富研究经验。

参考文献

［1］邹婧祎. 安代舞及其变迁［D］. 辽宁大学，2014.

［2］陆继锋. 中国民族院校办学理念的变迁研究［D］. 中央民族大学，2013.

［3］邹婧祎. 教育共同体：人文性建设纬度［N］. 中国社会科学报，2023-3-30（A8）.

［4］国务院.（国发〔2015〕64 号）国务院关于印发统筹推进世界一流大学和一流学科建设总体方案的通知［EB/OL］. http://www.gov.cn/zhengce/content/2015-11/05/content10269.htm，2015 年 11 月 5 日.

［5］中华人民共和国教育部. 教育司介绍［EB/OL］. http://www.moe.gov.cn/s78/A09/moe889/201001/t20100131-82450.html.

［6］中华人民共和国教育部. 学位管理与研究生教育司（国务院学位委员会办公室）介绍［EB/OL］. http://www.moe.gov.cn/s78/A22/moe-305/201512/t20151218-225393.html.

［7］教育部学校规划建设发展中心. 中心简介［EB/OL］. http://www.csdp.edu.cn/onepage159.html.

［8］教育部学校规划建设发展中心. 中心职能［EB/OL］. http://www.csdp.

edu.cn/onepage68.html.

［9］中国教育科学研究院. 中国教育科学研究院基本情况介绍［EB/OL］.
　　　http://www.nies.net.cn/gywm/lsyg/jbjs/201809/t20180910-334148.html.

［10］国家教育发展研究中心. 教育部教育发展研究中心简介［EB/OL］.
　　　http://www.ncedr.edu.cn/zxgk/zxjj/.

［11］中华人民共和国国家民族事务委员会. 历史沿革［EB/OL］. http://
　　　www.seac.gov.cn/seac/mwjs/201012/1009123.shtml.

［12］中华人民共和国国家事务委员会. 教育科技司［EB/OL］. http://
　　　www.seac.gov.cn/seac/mwjs/201805/1009182.html.

［13］B 大学教育政策与法规重点研究基地［EB/OL］. http://www.scuec.
　　　edu.cn/s/293/ t/1611/main.htm.

［14］教育部高等教育教学评估中心. http://www.heec.edu.cn/pgcenter/yxpg/
　　　pgjj/index.html.

附　录

附录一:《教育学学科建设研究》调查问卷(教师)

尊敬的老师:

　　您好!

　　为深入研究教育学学科建设问题,客观真实反映教育事业的发展情况,特邀请您参与本问卷调查。本次调查采用匿名制,所获得的数据仅用于本研究,且将严格保密。衷心感谢您的支持与协助!

　　1. 您的年龄是( )

　　A. 30 岁以下　B. 31~40 岁　C. 41~50 岁　D. 51~60 岁

E. 60 岁以上

　　2. 您的职称是( )

　　A. 教授　B. 副教授　C. 讲师　D. 助教

　　3. 您的学历是( )

　　A. 本科　B. 硕士　C. 博士

　　4. 您对教师培训制度实施与管理的满意度( )

　　A. 满意　B. 一般　C. 不满意

　　5. 您认为现有的教师培训能否满足实际需求?

　　A. 能　B. 一般　C. 不能

6. 本校教师培训主要采用哪些方式（　　　）[多选]

A. 专题讲座　B. 观摩教学　C. 远程教育　D. 境外研修　E. 学术交流
F. 其他_____

7. 您近期接受过何种内容的培训（　　　）[多选]

A. 职前培训　B. 学历提升培训　C. 教学技能培训　D. 科研普及培训
E. 师德师风培训　F. 校园文化培训　G. 其他_____

8. 您认为教师培训效果如何（　　　）

A. 很好　B. 一般　C. 欠缺　D. 无法评价

9. 您认为教师培训考核制度是否健全（　　　）

A. 很好　B. 一般　C. 欠缺　D. 无法评价

10. 您认为本校教学水平考核与评价制度是否完善（　　　）

A. 完善　B. 一般　C. 欠缺　D. 无法评价

11. 本校教育学学科教学水平考核采取哪些形式（　　　）[多选]

A. 专家听课　B. 教师评分　C. 学生评分　D. 其他

12. 您认为本校师德师风建设相关规章制度是否健全（　　　）

A. 健全　B. 一般　C. 欠缺　D. 无法评价

13. 您对本校教师职称评聘制度的满意度（　　　）

A. 满意　B. 一般　C. 不满意

14. 您认为经费的分配与使用是否规范透明（　　　）

A. 规范　B. 一般　C. 欠缺　D. 无法评价

15. 您认为本校教育学学科建设在硬件设施配备方面（　　　）

A. 较齐全　B. 一般　C. 较差　D. 无法评价

16. 您在日常教学工作中对硬件设备使用包括（　　　）[多选]

A. 实验室　B. 图书期刊资料　C. 教学活动室　D. 其他

17. 您认为教育学相关科研论文的发表情况（　　　）[多选]

A. 基本满足发表需要　B. 专业期刊选择太少　C. 发表难度较大
D. 发表周期过长　F. 其他_____

18. 您认为本校教育学学科建设人才培养方案的制定是否符合本校发展实际（　　）

A. 符合　B. 一般　C. 欠缺　D. 无法评价

19. 您认为本校教育学学科课程建设目标与设置能否满足学生发展需要（　　）

A. 能　B. 基本能　C. 欠缺　D. 无法评价

20. 本校教育学学科是否制定了特色教材编写的激励政策（　　）

A. 有　B. 没有　C. 不了解

21. 本校教育学学科科研平台建设提供的交流合作（　　）

A. 较完善　B. 欠缺　C. 缺少民族特色　D. 其他

22. 本校教育学学科科研平台建设是否充分发挥了民族特色优势（　　）

A. 是　B. 一般　C. 欠缺　D. 无法评价

23. 您认为本校教育学学科的社会服务功能（　　）

A. 较好　B. 一般　C. 较差　D. 无法评价

24. 您认为本校教育学学科的发展有哪些特色优势

25. 您对教育学学科的文化建设有什么看法_____

附录二:《教育学学科建设研究》调查问卷(学生)

亲爱的同学:

您好!

为深入研究教育学学科建设问题,客观真实反映教育事业的发展情况,特邀请您参与本问卷调查。本次调查采用匿名制,所获得的数据仅用于本研究,且将严格保密。衷心感谢您的支持与协助!

1. 您的性别是( )

A. 男 B. 女

2. 您是否是教育专业学生( )

A. 是 B. 不是

3. 您是否掌握一种语言( )

A. 是 B. 否

4. 您对该语言的掌握情况( )

A. 熟练掌握 B. 简单沟通 C. 不具备

5. 您选择的原因是( )[多选]

A. 文化背景 B. 学校的口碑 C. 离家近 D. 政策优待 E. 其他_____

6. 您选择教育学专业的原因是( )[多选]

A. 个人兴趣 B. 好就业 C. 服务家乡教育事业 D. 其他_____

7. 您认为本专业教师队伍能力水平的满意度( )

A. 满意 B. 一般 C. 欠缺 D. 无法评价

8. 您认为本专业的教师队伍对文化的了解( )

A. 充分 B. 一般 C. 欠缺 D. 无法评价

9. 是否有对教师教学的评价调查活动( )

A. 有 B. 没有

10. 您认为本专业人才培养目标是否符合家乡教育事业对人才的需求( )

A. 符合 B. 一般 C. 欠缺 D. 无法评价

11. 您认为本专业的课程设置是否具有民族特色（   ）

A. 是   B. 一般   C. 欠缺   D. 无法评价

12. 您认为本专业的课程设置能否满足未来工作的知识及技能要求（   ）

A. 能   B. 一般   C. 欠缺   D. 无法评价

13. 您认为本专业的课程设置是否紧跟社会发展趋势（   ）

A. 是   B. 一般   C. 欠缺   D. 无法评价

14. 您是否使用过本校的自编教材（   ）

A. 是   B. 否

15. 您毕业后是否有意愿从事教育领域相关的工作（   ）

A. 是   B. 否   C. 不知道

16. 您毕业后是否打算回家乡工作（   ）

A. 是   B. 否   C. 不知道

17. 是否有机会参与到教师的课题及调研活动当中（   ）

A. 有   B. 没有

18. 是否接受过爱国主义教育及民族团结教育（   ）

A. 是   B. 否

19. 校园文化建设是否具有民族特色（   ）

A. 是   B. 否

20. 是否有传承创新优秀民族文化的活动（   ）

A. 是   B. 否

21. 您认为哪些活动能够增进不同民族同学之间的相互了解（   ）
[多选]

A. 讲座   B. 文体活动   C. 知识竞赛   D. 民族节日活动

E. 其他_____

22. 您认为与其他高校在教育学学科建设方面有何不同：_____